Transition Support for Students with Disabilities in Australia

# オーストラリアにおける障害のある生徒のトランジション支援

山中 冴子
Saeko Yamanaka

学文社

## まえがき

　本書は，障害のある生徒が学校教育からその後の生活に円滑に移行（トランジション）するための支援に関して，とくに学校の役割に注目しながら，オーストラリアを例に考察することを目的としている。

　障害者をはじめ誰をも排除しないインクルーシブな社会の形成は国際的な課題となっている。日本でも障害者権利条約が批准されたが，条約に貫かれているインクルーシブな社会とはいかなるものか，その形成の一助となるとされるインクルーシブ教育とは何であり，どのように実現する必要があるのかなど，まだまだ議論が尽くされねばならない。加えて，学校からその後の生活への移行支援をいかに機能させるのかも，決して新しいテーマではないが，改めて，極めて重大なテーマとして浮上している。そして，このテーマはいうまでもなく，学校教育にとどまらず，関連領域をまたがるものである。

　日本の研究・実践・運動に学べば，トランジションに向けた学校の役割は，たとえば就労に必要なスキルの獲得等といった形で狭義に規定されるべきものではない。しかし，学校を卒業するという出口から学校の役割が捉えられる傾向が強くあることも事実である。そこで筆者は，円滑なトランジションを支援するうえで求められる学校役割が，何によって規定されていくのかについて強く関心をもつに至った。

　このテーマにはさまざまな迫り方が考えられるが，本書ではオーストラリアを例に，教育及び福祉関係の政策動向から考察することを試みている。障害者に対する差別撤廃の取り組みを早くから実施し，それを根拠に障害者権利条約批准がスムーズになされた同国は，「社会的公正」を重視していることがこれまでも肯定的に紹介されてきた。インクルーシブな社会形成に向けて，トランジションの在り方が国際的にも重要なテーマとなっていることを考えれば，研

究対象として興味深い国といえる。

　そこで本書は，①オーストラリアの障害のある生徒のトランジション支援における理念形成に影響を与えた国際的な理論の到達点を示す，②オーストラリアの連邦政府レベルにおいて障害のある生徒のトランジション支援が政策課題として浮上する過程を，教育及び福祉を含む教育以外の関連分野の動向より明らかにする，③ニューサウスウェールズ州という州レベルにおいて上記の連邦政府レベルの政策がいかに反映され，具体化されているのかについて明らかにする，以上三つの柱で内容を構成し，5章立てとした。これらの柱を追究することを通して，障害のある生徒のトランジション支援に対する学校役割を規定する要因と，その結果としてどのような実践が生じることになるのかといった，トランジション支援の性格ともいうべきものを考察する。

　オーストラリアはここ数年だけでも政権交代を複数回経験しており，それにともなって政策も実践も大きく動いている。本書執筆時には最新の情報でも，出版時にはすでに古い情報になっているものもある。混乱を避けるため，インターネット上の情報は2014年5月時点でアクセスを確認しているが，執筆した情報は2013年10月時点のものであることをご理解いただき，ご了承いただきたい。

　2014年5月

山中　冴子

# 目　次

まえがき　i
略語一覧　vii

## 序　章　障害のある生徒のトランジションに関する　　　　　　　オーストラリア研究の意義……………………………………1

第1節　障害のある生徒の学校教育修了後への関心　　1
　1　特別支援教育における「卒業後までの一貫した支援」について　　1
　2　特別支援教育とトランジション支援の関係性　　3
第2節　障害のある生徒のトランジションに関する先行研究　　5
　1　就労支援に関する研究　　5
　2　発達障害に注目した研究　　7
　3　キャリア教育にまつわる研究　　9
　4　青年期の発達保障にまつわる研究　　11
第3節　本書の研究課題と方法　　12
　1　トランジション支援における学校役割はどのように規定されるのか　　12
　2　オーストラリアへの着目　　14
　3　研究課題と方法　　15
第4節　本書の構成　　17

## 第1章　障害者のトランジションとは何か……………………………21

第1節　OECD/CERIによるトランジション研究　　21
　1　トランジションの理念について　　21
　2　トランジション支援の実践について　　27

第 2 節　国連機関におけるインクルーシブ教育の文脈から　30
　　1　インクルーシブ教育の指向　30
　　2　インクルーシブ教育とトランジション支援の関係　32
第 3 節　トランジションの理念並びに学校役割の構築に寄与した研究　34
　　1　アメリカにおけるトランジションモデルの開発　34
　　2　キャリア発達を考慮した実践提言　38
　小括　42

## 第 2 章　オーストラリアの学校教育における障害のある生徒へのトランジション支援の萌芽～1970年代から1980年代の連邦政府による取り組み……………………………………48

第 1 節　障害児教育の振興とトランジション支援　48
　　1　教育の機会均等化をめざして　48
　　2　二つの優先課題～インテグレーションとトランジション　51
第 2 節　就労へのトランジションに向けた取り組みの開始　54
　　1　教育分野におけるトランジションへの注目　54
　　2　教育と職業の関係をめぐって　56
第 3 節　障害のある生徒のトランジション支援への注目　59
　　1　連邦政府のトランジション支援における障害のある生徒の位置づけ　59
　　2　障害のある生徒のトランジションに向けた課題の精緻化　62
　小括　65

## 第 3 章　オーストラリアにおけるトランジションに向けた学校役割の規定～1980年代後半からの連邦政府による取り組み……………………………………………………70

第 1 節　成果追求型の教育への転換　70
　　1　経済合理主義的教育改革の実施　70

2　キー・ラーニング・エリアの設定と職業教育訓練の推進　73
　第2節　教育成果の明確化とその把握　75
　　1　リテラシー・ニューメラシーと就労スキルの追求　75
　　2　国家協働のさらなる強化　78
　第3節　障害のある生徒に対する「公正（Equity）」に向けて　81
　　1　カリキュラムにかかわる動き　81
　　2　障害のある生徒のトランジションにかかわる動き　84
　小括　88

# 第4章　教育以外の分野における障害のある青年のトランジション支援 …………………………………96
　第1節　職業リハビリテーションによるトランジション支援　96
　　1　連邦社会保障省による取り組み　96
　　2　教育分野との連携　99
　第2節　地域を重視する福祉の実現としてのトランジション支援　102
　　1　ノーマライゼーションに向けた福祉改革とトランジション支援　102
　　2　障害を理由とした差別の禁止　105
　第3節　失業対策及び高齢化対策としてのトランジション支援　108
　　1　福祉に頼らない失業対策　108
　　2　高齢化への対応とソーシャル・インクルージョンの推進　111
　小括　114

# 第5章　ニューサウスウェールズ州におけるトランジション支援　………………………………………121
　第1節　障害児教育の動向　121
　　1　インテグレーション・インクルージョンに向けて　121
　　2　「多様性（diversity）」を尊重する教育　125

第 2 節　トランジション支援の体制づくり　130
　　1　パイロットプログラムの実施　130
　　2　後期中等教育カリキュラム　135
第 3 節　トランジション関連施策の変遷　141
　　1　学校教育修了者を対象としたプログラムの開始　141
　　2　地域へのインクルージョンと「成果」の追求　144
小括　147

**終　章　本研究の総括** ································· 159
第 1 節　障害のある生徒のトランジション支援における理論的到達点　160
第 2 節　オーストラリアの教育行政におけるトランジション支援の登場と学校役割の規定　161
第 3 節　オーストラリアの教育以外の分野におけるトランジション支援　163
第 4 節　ニューサウスウェールズ州での具体的展開　165
第 5 節　障害のある生徒のトランジション支援における学校役割を規定するもの　169

あとがき　171
参考文献・論文一覧　173
初出一覧　185
索引　187

# 略語一覧

ATLAS；Adult Training, Learning and Support　成人訓練，学習，支援プログラム
BOS；Board Of Studies　学習局
CERI；Centre for Educational Research and Innovation　教育研究革新センター
COAG；Council of Australian Governments　オーストラリア政府会議
CRS；Commonwealth Rehabilitation Services　連邦リハビリテーションサービス
DDA；Disability Discrimination Act　障害者差別禁止法
DSA；Disability Service Act　障害者サービス法
EFA；Education for All　万人のための教育
ITP；Individual Transition Plan　個別トランジション計画
MCEECDYA；Ministerial Council for Education, Early Childhood Development and Youth Affairs　教育・就学前の発達・青年問題に関する行政審議会
NAPLAN；National Assessment Program-Literacy and Numeracy　国家アセスメントプログラム―リテラシー・ニューメラシー
NEATプログラム；National Employment and Training Work Experience Program for Handicapped Secondary Students　中等教育段階における障害のある生徒のための職業体験プログラム
NSW；New South Wales　ニューサウスウェールズ州
NDIS；National Disability Insurance Scheme　国家障害保険制度
OECD；Organisation for Economic Co-operation and Development　経済協力開発機構
PISA；Programme for International Student Assessment　学習到達度調査
PSOプログラム；Post School Options Program　ポストスクールオプションプログラム
QOL；Quality of Life　生活の質
TAFE；Technical And Further Education　技術・継続教育機関
VET；Vocational Education and Training　職業教育訓練

# 序　章
# 障害のある生徒のトランジションに関する
# オーストラリア研究の意義

## 第1節
## 障害のある生徒の学校教育修了後への関心

### 1　特別支援教育における「卒業後までの一貫した支援」について

　日本において特殊教育から特別支援教育に転換されて，7年が経過した。
　特別支援教育の特徴の一つは，「就学前から卒業後までの一貫した支援」をめざしている点である。障害のある子どもの長期のライフスパンを捉え，学校をはじめとする関係機関が連携して支援していくことが重要とされている。[1]
　これをふまえ，作成が義務づけられた「個別の教育支援計画」は，同じく義務となった「個別の指導計画」の作成と連動する。「個別の指導計画」は，子ども一人ひとりの教育的ニーズを把握し教育活動に生かすためのもので，個別の教育的ニーズ，教育目標，それに向けた取り組み，成果等が明記される。「個別の指導計画」に沿って実践された教育内容が，「個別の教育支援計画」において関係各所で共有され，また時には「個別の教育支援計画」の中身が「個別の指導計画」に反映され，中・長期的な支援内容と，それに向けた連携が構想される。
　加えて，2009年に初めて告示された特別支援学校学習指導要領では，「自立と社会参加」をめざして，職業教育の充実とそれに向けた学校と産業界との連

携がより一層強調されている。なかでも、学校教育修了後の生活が強く意識される高等部学習指導要領では、職業教育に関して配慮する事項としてキャリア教育の推進が挙げられ、そのために関係機関との連携と就業体験の機会の積極的導入、地域や産業界等の協力を得ることなどが示された。ここでのキャリア教育は、自己の在り方や生き方を考え、主体的に進路選択をするためのもので、職業観や勤労観を育てることがめざされる。そもそも、職業教育とキャリア教育それぞれの理念がどのような関係のもとに把握される必要があるのかについては、キャリア発達の研究蓄積もふまえつつ詳細な検討を要するが、キャリア教育は産業界との連携の下での職業教育を充実させるための一助として位置づけられているといえる。先の「個別の指導計画」並びに「個別の教育支援計画」というツールをもって、学校と関係機関が連携しながら、職業教育やキャリア教育を系統立てて行う、という構造が作り上げられたといえよう[2]。

　学校から卒業後の生活への橋渡しは、特殊教育時代から長きにわたり大きな課題となってきた。特殊教育は、生徒の実態や内面的成長以上に学校教育の出口からその意義が捉え返され、規定される傾向が強かった。障害のある生徒たちが、将来とにかく社会に迷惑をかけないために、せめて身辺のことは自力で処理できるようにすること、また障害が軽度であるならば、職業的スキルをとりあえず身につけさせること、この2点が教育目標として掲げられることが歴史的にも多かったし、現在でもその傾向は小さくない。障害児教育は、社会適応主義的な期待や取り組みから脱却することが容易ではないことが窺える。確かに身辺自立や職業的自立は生きていくうえで重要であることはいうまでもない。見方を変えれば、障害者にとっての学校教育卒業後の生活はそれだけ不安の多いものであり、学校教育はそのような不安を少しでも解消すべく尽力していたといえる。しかしながらここで問題なのは、それが障害者の「自立」として、教育目標としてダイレクトかつ限定的に解されることで、「自立」の意味内容だけでなく、教育の意義や中身が狭められることである。

　このような状況に対しては、学校工場方式をめぐる議論やそれに対抗する実

践，専攻科設置にみられるような後期中等教育制度の新たな展開など，実践レベルでも制度レベルでも，多くの議論や取り組みが蓄積されてきた。また，日本国内の動向だけでなく，ここ30年ほどの障害観や学校卒業後の生活への橋渡しにまつわる議論の国際的な深化は，確実に特別支援教育にも影響を与えている。

## 2　特別支援教育とトランジション支援の関係性

　文部科学省は，特別支援教育に先駆けて「障害者のための新たな職域へ向けた職業教育等の調査研究」（1998，1999年度）を委嘱していた全国特殊学校長会（現・全国特別支援学校長会）に対し，「教育と労働関係機関等が連携した就業支援の在り方に関する調査研究」（2001年度）を委嘱した。その報告書『障害児・者の社会参加をすすめる個別移行支援計画』では，トランジション（transition）が着目され，その概念整理から実践例まで幅広く網羅されるとともに，後期中等教育段階の「個別の教育支援計画」の作成と活用にかかわる詳細が扱われている。[3]

　トランジションとは何か。トランジションとは，端的にいえば，学校教育から就労を含めた最終目標の間に，たとえば職業訓練機関や継続教育機関などを介在させ，障害者が個々に適した形で学校教育修了後の生活を充実させることをめざす取り組みである。OECD（Organization for Economic Co-operation and Development；経済協力開発機構）のCERI（Centre for Educational Research and Innovation；教育研究革新センター）は，義務教育段階の障害児教育が一定程度整備された1970年代後半から，トランジション支援に議論の焦点を当ててきた。アメリカのハルパーン（Halpern, A. S.）やブローリン（Brolin, D. E.）らの研究はとくに有名で（第1章参照），先述の『障害児・者の社会参加をすすめる個別移行支援計画』でも引用されている。

　トランジション自体は，障害のある生徒に限った課題ではない。若者の失業率が高い状況にあれば，すべての若者のトランジションが重要な課題として認

識される。しかし，障害のある生徒のトランジションにとくに問われるのは，その最終目標をどこに設定するのかという点である。従来は，トランジションの最終目標は就労に限定される傾向にあった。しかし現在では，障害者個々の自己決定を大事にしながら就労に限らない多様な「自立」形態に向けて，学校教育修了後の選択肢を豊かに配置することが求められている。それはつまるところ，障害者を過保護な状況で無能（incompetent）とみなしてきた障害者観から脱却し，「成人への権利（the Right to Adult Status）」を保障することとなる，というのが国際的な認識である（第1章参照）。トランジションの理念は，障害及び障害者観の捉え返しや，障害者の自立論の広がりをふまえていることがわかる。[4]

　先の全国特殊学校長会による報告書では，障害観や自立論の深化だけでなく，キャリア発達や生活の質（Quality of Life；以下，QOL）といった理念をも含みこみ，ゴールの多様性を尊重したハルパーンやブローリンらによるトランジションモデルをいくつか紹介し，それを実践に移すための「個別移行支援計画（Individual Transition Plan）」について紹介している。そしてこれらをふまえ，「学校卒業後の職業生活・社会生活を見通し，進路指導上の課題解決のための個別の支援計画」としての個別移行支援計画の策定を提唱している。[5] 個別移行支援計画で確認された課題は，個別の指導計画に反映されるという構造をもつことにより，学校の教育活動と明確な関連性があるという。まさに，ここでその必要が確認された個別の移行支援計画における観点は，「個別の教育支援計画」に反映されるに至ったといえるであろう。

　このように，特別支援教育の「卒業後までの一貫した支援」は，トランジションの研究や実践を意識していた。最初に述べたように，学校教育から卒業後の生活への橋渡しは，トランジションという言葉が登場する前から議論されてきたことではある。トランジションは，学校からその後の生活に移行するという側面に加え，障害のある生徒が成人期に移行するという発達的側面の支援をも意味することは多くの研究者が指摘しており，全国特殊学校長会報告書でも

述べられている（次節参照）。とくに成人期への移行については，教育実践において大切にされてきたところでもあり，トランジションが新たな何かを提示したというよりは，これまでの実践のなかで大切に培われてきた観点を簡潔に示したといった方が妥当ではないかと考える。

　ハルパーンらの示したトランジションモデルは，最終目標を就労に限定せず，あらゆる障害のある生徒が対象となりうる広範なものである。障害のある生徒個々に適した最終目標を設定することは，特別支援教育でいうところの個別のニーズへの対応と合致するともいえる。しかし，理念が具体的にどのような実践に結実することになるのかは，丁寧に検討しなければならない。たとえば，特別支援学校学習指導要領にある「自立と社会参加」は何を意味するのか。産業との連携といった文脈からは，一般雇用がめざされていることがわかる。とくに障害者自立支援法以降，正当性が与えられた教育，福祉，労働が一体化した強固なシステムのなかで，一般雇用という形そのものが目的化され，特別支援学校の教育の在り方もそれに引っ張られることが大いに予想される。

　つまり，トランジション支援のあり方は，特別支援教育の中身をかなりの程度規定するといえ，その時々の関連領域の動向を注視しつつ，検討されねばならない課題といえる。

## 第2節
## 障害のある生徒のトランジションに関する先行研究

### 1　就労支援に関する研究

　日本のトランジションに関する研究は，1990年代後半から本格的に取り組まれ始め，その層は決して厚くはないが，多くは従来からの進路指導に何らかの示唆を得るべく行われている。生徒たちの就労が叶わないとか，就労したにもかかわらず離職してしまうといったケースを前に，円滑なトランジションを保障するため，学校段階ではどのような取り組みが必要かという議論が主とし

てなされている。したがって、トランジションのめざすべき目標として、職業的自立が大きく位置づけられることが多い。

梅永雄二は、アメリカのトランジション体制と学校教育段階での取り組みについて積極的に紹介し、日本でのトランジション体制の整備を訴える。職業的自立以外の「自立」を軽視しているわけではないとし、就労支援を含め障害のある生徒の卒業後の支援体制がきわめて乏しいことを認識しつつも、職業教育訓練のあり方（現場実習を含む教育活動の組み方、学校が連携すべき機関など）に具体的な提案を行っている[(6)]。このような研究は、とくに障害者の就労支援関係者たちの間で広く受け入れられた。

先にも紹介した、文部科学省の委嘱を受けた全国特殊学校長会による「教育と労働関係機関等が連携した就業支援の在り方に関する調査研究」は、個別移行支援計画の在り様を具体的に検討している。ここでは、個別移行支援計画を、進路相談、現場実習、そして進路指導・職業教育の領域でいかに活用するかが課題とされ、学校では、この計画を用いながら一般企業とできるだけ近い内容で指導を行うことが重要とされている。そのために、トランジション支援として、以下のような学校役割が整理されている。高校1年次は進路相談（場合により、医療機関や児童相談所と連携）により家庭状況や進路に関するニーズの把握が行われ、2年次には進路相談に職業相談（地域障害者職業センターと連携）と現場実習（ハローワークや各ネットワーク、実習先と連携）が組み合わされる。3年次も進路相談、職業相談、現場実習の三つから構成されるが、卒業後に利用可能な支援を具体化させたり、希望する先の雇用・入所条件などの確認、内定手続きなどを行うといった手続きが始まる。卒業後はアフターケアとして、在学時からの情報を管理、活用し、ハローワークの職場定着支援と連携しつつ、職場訪問、同窓会の開催などを行う[(7)]。ちなみに、就労以外の領域にかかわるところで個別移行支援計画が扱う内容は、「本人や家族に対する生活支援についての領域（日常生活、経済生活、福祉サービス等）」「進路先の生活に関する領域（企業から得られる支援）」「余暇や地域生活に関する支援（青年学級、公開講座、

同窓会等）」「医療・健康面に関する支援」である[8]。これらについては，進路指導の一単元として組む内容のものもあるが，基本的には，関係する情報の提供と卒業後の生活の場や職場への引き継ぎが，学校の主たる役割とされている。本研究が就労移行を中心に置いていることをふまえても，学校役割として，就労移行支援以外の部分が手薄な感は否めない。加えて，子どもから大人への移行という側面について，「大人として，社会人としての扱いを受ける」ことを理由に，ふさわしい行動の獲得という観点で支援内容を規定していく傾向が強いといわざるをえない。

　また，たとえば東京都ではすでに，学校の教員をはじめとしたトランジションにたずさわるスタッフ向けの冊子が発行されるなど，各地の取り組みも進んでいる。東京都知的障害養護学校就業促進研究協議会によってまとめられた『個別移行支援計画Q&A 基礎編』[9]では，トランジション理念から実践のあり方まで総合的に考察されている。そこでは，トランジションの最終目標は職業的自立に極度に傾斜させられ，学校教育の目標も結局はそれと同一のものとして把握される傾向にある。また，トランジションの体制づくりにおいて欠かすことのできない，学校と最終目標との間に何らかの支援を介在させ一定の期間を設けるというポイントが欠けている。さらに細かくみれば，学校が他機関と連携を結ぶ際のコーディネート作業が担任教員に集中しているために，その負担が過大となるおそれがある。学校役割と合わせて，教員の役割や専門性とは何かを考えさせられるものとなっている。

## 2　発達障害に注目した研究

　特別支援教育改革の一つの目玉は，発達障害者を支援対象に加えたことであった。発達障害者故のトランジションの実情と課題についての論文も，いくつか発表されている。それらはとりわけ，通常の支援と障害者向け支援の間に落ちる危険性の高さと，そこへのアプローチの困難さに目を向けたものである。

　望月葉子は，通常学校を卒業し，障害による困難をもちながらも，職業リハ

ビリテーションを選択しない若者が，一般雇用施策と障害者雇用施策の間で周辺的存在となることを指摘する。彼らは NEET（Not in Employment, Education or Training）に最も近い，MEET'H（Marginal in Employment, Education or Training with Handicap）と位置づけられるという。そして，彼らに対して職業リハビリテーションを正しく理解するための支援と，それを選択するうえでの心理的障壁を解決するための支援を求める。[10]

　向後礼子は望月と同じく，発達障害がありながら通常学校に在籍した場合，学力以外の側面が評価の対象になりにくく，職業選択でつまずく実態を述べている。加えて，本人ができると思う内容においても，たとえば作業速度を大きな課題とはしない学校と，いわゆる成果主義・能力主義にある職場での評価の相違を指摘している。そこで向後は，学校的な評価から職業的な評価へと青年期を「再評価」することの重要性を述べ，それができれば卒業後の生活に入る前（後期中等教育在学中）に行われることが望まく，それをふまえて必要な支援を見極めていくことが必要としている。[11]

　また，通常学校の進路指導において，職業選択における自己理解が中心的課題であることが，先の望月によって指摘されている。望月によると，「通常教育の経験は概ね苦しいものであり，加えて，『一般扱い』にこだわった結果，就職に結びつかなかった経験は，本人にとって激烈な喪失体験となることが多い」。生徒と保護者両者の障害理解を含めた問題にアプローチしていくことの重要性が，より一層認識されねばならないという。[12]

　原智彦らによれば，肯定的な自己理解の支援には，「できること・できないことの理解」から始まり障害理解へ，そして支援や権利の理解へという文脈が考えられるが，実践的見通しの難しさや障害理解への踏み込みへの躊躇などから，「できること・できないこと」にとどまる実践が多いのが現状であるという。[13]特別支援教育において，必要な支援を正当に使い主体的に生きる姿を描きながら，障害のある自分の受けとめをいかに支援するかは，決して新しい課題ではない。しかしこの困難さは，通常教育の場においては一層際だつであろう。

青年期の「再評価」や自己理解の課題は，発達障害者に限ったことではない。しかしながら，発達障害者は支援の周辺的存在になりやすいという一つの現実から，トランジション支援におけるこれらの重要性が改めて認識され，とりわけ通常学校における役割の検討を促しているといえる。一方，青年期の「再評価」の時期が学校教育段階であるべきなのかといった点や，自己理解は学校教育段階で終了するものでは決してないことを考慮したときの学校役割などは，より踏み込んだ検討を要するであろう。

## 3　キャリア教育にまつわる研究

　近年，通常学校でのキャリア教育推進を受けて，特別支援学校でもその推進が求められ，各種報告書や論文，実践報告が出されている。障害のある生徒のトランジション支援の中身として，キャリア教育の推進が期待されているといえる。

　文部科学省によれば，キャリアとは「個々人が生涯にわたって遂行するさまざまな立場や役割の連鎖及びその過程における自己と働くこととの関係づけや価値づけの累積」であり，職業生活だけでなく家庭生活や市民生活等を含め，すべての生活で経験する立場や役割の遂行である[14]。そのような生涯にわたるキャリアの発達を促すこと，より具体的には，自分の生き方を模索し，実現するための支援がキャリア教育と説明できる[15]。そして端的にいえば，児童生徒個々の勤労観・職業観を育てることが求められている。個々人に注目するといった観点は，特別支援教育における「個別の指導計画」や「個別の教育支援計画」にも直結する。

　松矢勝宏は，たとえば東京都で職業教育や進路指導の一体的な改革が試みられたことなどを含め，日本の知的障害特別支援学校におけるキャリア教育の紹介過程を整理し，トランジション支援においてキャリア発達のプロセスが重要とみなされてきたことを述べている。そしてキャリア教育は，「生活単元学習などの生活教育，作業学習を含むすべての授業や支援」と，進路学習・現場実

習(インターンシップ)・進路相談からなる進路指導の双方から構成され，学校教育全体を通して実施されると説明する。[16]

　松為信雄は，キャリア発達について多角的に論じつつ，障害者のキャリア発達には，教育と職業場面におけるかかわりが大きいことを指摘する。とりわけ，学校から職場，職場内での地位の移動などといった移行の時期に，手厚く支援することの重要性を述べている。[17]

　木村宣孝と菊地一文は，キャリア教育における教育課程は能力追求型のプログラム(Competency-based program)であるとする見解に立ち，学校の在り方の問い直しを求める。そして，国立特別支援教育総合研究所による，知的障害者の「キャリアプランニング・マトリックス(試案)」が各学校で活用されることを期待している。[18]「キャリアプランニング・マトリックス(試案)」は，求められる能力(Competency)を「人間関係形成能力」「情報活用能力」「将来設計能力」「意思決定能力」の四つの側面で捉え，小学部から高等部にかけて育てたい力を示したものである。

　一方，尾高進は，特別支援学校学習指導要領において謳われた「職業教育の充実」は，キャリア教育の推進に置き換わっていることを指摘し，下記を問題点として挙げる。まず，雇用問題の激変を背景に，それに対応するための責任が児童生徒本人に求められている点，勤労観・職業観の「望ましさ」は「あるべき」ものがすでに規定されており，現在の労働市場への順応につながることが危惧される点，勤労観・職業観がその後の人生を切り拓く力となるのか疑問である点，そして，勤労観・職業観と職業に関する知識と技能が切り離されている点である。[19]

　キャリア教育は理念としては支持されていること，そして学校がなすべきことを再考するうえで有効であることが認められる一方，その方向性や対象，中身は広範であるために，学校では具体的にどのような内容に落とし込み，蓄積させ，成果をいかに把握するのかが容易ではない。「キャリアプランニング・マトリックス(試案)」はそのような状況に応えるための一つではあるが，キ

ャリア教育は，雇用問題の責任の所在と，それに向き合う学校の役割について
とくに大きな論点をはらんでいることがわかる。

### 4　青年期の発達保障にまつわる研究

　以上みてきたように，トランジション支援は就労移行支援とほぼイコールで
語られてきた傾向にあり，特別支援教育施策においてキャリア教育という言葉
こそ登場するものの，その傾向は個別の計画の策定や学習指導要領といった形
で，構造的に強化されているといえる。このようなトランジション支援の方向
性に対しては，特別支援教育が施行される前から，根本的に疑問を投げかける
研究がみられた。以下でみる研究は，先の自己理解というテーマに対しても，
青年期における自己や主体性の確立という観点から追究しようとするものであ
る。

　渡部昭男は，トランジションの日本的特質として，「新規学卒者主義」と「学
校による職業斡旋」を挙げる。学校が職業を紹介したり，職業斡旋することの
積極面を否定するわけではないが，これらの特質による「就職レースに遅れを
とることを恥とする風潮」の強さと，「他律的・選別的なジョブマッチング」
の傾向を批判する。そして，トランジション理念に改めて立ち返り，「青年期
における自己確立への発達過程」という観点からの支援を強調している[20]。

　田中良三も，学校のもつ卒業後の進路保障の責任の重要性を重々認めつつも，
「自分で自分の進路を自らつかみとる＝自己決定の力」を育てることが大切と
主張する。そのためには周囲との願いのずれや大きな回り道もいとわない。こ
こに教育的価値をみて，職業的自立の達成を，各関係機関や就職先との連携の
もとで長きに渡って支援するべきことを述べている[21]。

　これらの主張は，トランジション支援における学校役割を青年期教育の実践
とし，高等部の上に専攻科を設置するという形で教育年限の延長を実現させよ
うとするものである[22]。したがって，障害のある生徒の発達を中心において学校
役割を明確にし，学校の任務が外からの圧力によって必要以上に規定されるこ

とを否定する。職業教育は青年期の自己確立において重要なことを認めつつ，いわゆる労働教育としての捉え返しを求めている。キャリア発達の観点も，青年期の保障とは多いに響き合うものと考えられるが，政策上のキャリア教育とは距離があるといえる。

## 第3節
## 本書の研究課題と方法

### 1　トランジション支援における学校役割はどのように規定されるのか

　前節では，進路指導や職業教育訓練に示唆を得るべくトランジション支援にまつわる研究が紹介された日本において，学校はトランジション支援に向けた役割がさまざまに期待されていることがわかった。なかでも，就労に向けたトランジション支援の提言は実に具体的である一方，その他の選択肢にかかわる取り組みについては，今ひとつ不明瞭といわざるをえない。そのようなことも含め，学校の役割として，それがなぜ妥当と考えられるのかを明確にしたものが多くないことも指摘せねばならないが，すでに自明とみなされているような学校役割の再考を迫る青年期教育の研究は，示唆に富んでいるといえる。

　たとえば，先にも述べたが，トランジションは障害のある生徒に限ったものではない。とりわけ教育行政がトランジションを課題としてみなすとき，若者全体のトランジションの困難が背景にあることが多く，後期中等教育を中心として学校役割はどのようなものであるべきかが多くの国々で議論されてきた。卒業後の生活をいかに見通すか，それに向けた支援をいかに構築していくかは，雇用や福祉といった領域もかかわるために，学校教育はこれらの動向から決して自由ではない。

　加えて生徒に障害がある場合，トランジション支援はノーマライゼーションなりインクルージョンなりの実現として大きな意味をもつことも，国際的にも認められてきたところである（第1章参照）。障害者自身にとってみれば，障害

のない者以上に軽視されてきたといえる青年期の保障，そして，その結果としてある，成人になりゆく権利や成人になりゆく道筋の保障をも意味する。とくに青年期教育の文脈からも明らかだが，トランジション支援において，障害のある生徒の発達的側面に対して学校が主導的役割を担うことは，疑う余地がない。しかし近年，障害者福祉施策が措置から契約に変更されたことからもわかるように，いわゆる自己責任論が横行している。全国特殊学校長会（現・全国特別支援学校長会）も，そのような観点から，学校教育でも選択や決定を重視した指導の必要性を指摘している。(23) ここでの自己責任や選択及び決定が妥当な解釈かどうかは議論されなければならないし，これらの解釈の在り方はトランジション支援においても影を落とすであろうことが推測される。

　特別支援教育は，個の教育的ニーズに丁寧に寄り添うことを理念として謳い，学校とその他の関係機関を結ぶものである。トランジション支援と共通する点でありながら，特別支援教育施策ではトランジション理念を深く捉えることはなく，福祉や雇用施策に引っ張られた中身を，計画の策定などの手段によって正当化させる危険性をはらんでいる。このようなことも含め，特別支援教育は構造的に，ただトランジション支援という名の下で，職業教育一辺倒の後期中等教育を招くかもしれないことを指摘できる。

　日本において，トランジション支援研究という枠組みが成立するのかどうかは議論の余地があると思われるが，トランジション支援という名目によって余儀なくされる学校のあり方といった，トランジション支援の性格ともいうべきものについて，広く検討する必要があるのではないだろうか。若者全体のトランジション支援における後期中等教育を中心とした学校役割一般がどのような経緯で規定されていくのか，さらに，教育施策の一部をなしながらも，成人になりゆく権利等にみられる障害があるからこそ独自に強調されてきた観点を引き受けながら，障害のある生徒のトランジション支援に向けた学校役割がどのように認識され，具体化されていくのかについて，考察することが求められていると考える。

## 2　オーストラリアへの着目

　トランジション支援研究という枠組みが，日本においてどの程度成立し機能するかは前述のように不確定ではあるが，国外のトランジション支援研究から示唆を得ようとするのであれば，海外研究は重要と考えられる。実際にトランジション支援を機能させる際，「自立」の意味するものや，それに向けて学校に具体的に求められる「成果」は，その国や地域の社会及び経済の状況が如実に反映されることになる。そのような，トランジション支援の性質といったものを客観的かつ具体的に把握し，現状と課題を描く作業は，自国においてあるべき姿を描くうえで必要と考えられるが，このような観点からなされた先行研究は多くない。

　とくにオーストラリアについては，障害児教育にまつわる研究が日本ではさほど進んでいない。玉村公二彦や片岡美華による「学習困難」にまつわる研究，教員養成にかかわる研究など，施策と実践双方に目配りして緻密になされた考察は，極めて重要なものとなっているものの，[24] 障害のある生徒のトランジションにかかわる研究は，十分にはなされてこなかった。

　オーストラリアは，2006年に国連で採択された「障害者権利条約」を，それ以前からの国内差別禁止法とその下での取り組みを根拠に批准している。条約に連なる国連文書からも明らかなように，障害のある生徒のトランジションは，インクルーシブな社会を形成するうえでの重要な取り組みの一つとしてあるが，同国はすでに，そのための体制をもって機能させてきた経緯がある。

　また，オーストラリアの教育行政の変遷をみると，1970年代の教育の機会均等をめざす振興策から，1980年代のサッチャリズムに相当する経済合理主義的改革を経て，1990年代の能力（Competency）の重視とそれを成果として追求する流れ，そして，以上を土台とした2000年代に入ってからのソーシャル・インクルージョンの重視といった流れがある。このような流れのなかでは常に若者全般のトランジションが課題とされ，とりわけ後期中等教育段階の学校役割が議論されてきた。障害児教育もその流れのなかに位置づき，インテグレー

ションやインクルーシブ教育といった理念とも絡み合いつつ，障害のある生徒のトランジション支援は「社会的公正」の実現として，その動向には正当性が与えられている。

オーストラリアはその独自性をもちながらも，障害者権利条約批准国という意味でも，また，ネオ・リベラリズムの影響を多分に受けた国という意味でも，トランジション支援における「自立」や「成果」について，日本の施策上の解釈とかなりの共通点が見いだされることが予想されるため，日本にとって好例と考えられる。なかでもニューサウスウェールズ州は，トランジション支援におけるパイロットプログラムが実施された州でもあり，この手の取り組みに関しては，オーストラリアにおいて先進的といわれる。また，障害児学校を始めとする特別な場での教育も保障しつつ，トランジション支援に取り組んでいる点にも，日本との類似性が認められる。

オーストラリアは，トランジション支援のもつ性格といったものを考察し，日本における現状を検討するうえで，有効な対象のひとつと考えられる。

## 3　研究課題と方法

以上により，本書ではオーストラリアにおいて，障害のある生徒のトランジション支援がどのように課題として認識され，それにかかわる学校役割がいかに規定され，とくにニューサウスウェールズ州ではどのように実践されているのかを検討する。具体的には，次の3点が研究課題となる。

まず，オーストラリアの障害のある生徒のトランジション支援における理念形成に多大な影響を与えた国際動向を整理することである。そもそも，国際的に障害のある生徒のトランジション支援にはどのような意義が認められたのか。そして，トランジション支援として実践に求められるものとは何か。具体的な提言とともに整理し，国際的なところでの理論的到達点を示すことである。

次に，オーストラリアの連邦政府レベルにおいて，障害のある生徒のトランジション支援が政策課題として浮上する過程を検討することである。国際動向

の影響を多分に受けながらも，それがオーストラリアの文脈においていかに生かされ，施策化されていったのかについて，後期中等教育におけるトランジション支援を念頭に置いた学校役割に関する議論を掘り起こしながら明らかにする。その際，福祉や雇用施策の展開も自ずと学校役割に影響を与えていくであろうことを考え，教育並びに関連領域の施策の変遷を追う。

　続いて，ニューサウスウェールズ州という州レベルにおいて，上記の連邦政府レベルの政策及び施策がいかに反映され，具体化されているのかについて明らかにすることである。同州において実施されたパイロットプログラム，それを受けて実際に機能している体制，後期中等教育カリキュラム，そして学校卒業後の具体的な選択肢を扱う。

　本研究は，オーストラリアの連邦政府並びにニューサウスウェールズ州の政策及び施策の分析によるため，行政文書やそれにまつわる報告書を，関連論文をふまえて検討するものである。

　まず，オーストラリアの障害のある生徒のトランジション支援を理念化するうえでかかわりの深いトランジションの国際動向として，OECD/CERIによるとくに1980年代から1990年代の調査報告書や，国連の「機会均等化基準規則」「障害者権利条約」，ユネスコの「サラマンカ声明」を中心に扱い，その理念形成や実践上の観点について考察する。これらの国際文書に加え，*Exceptional Children* や *Career Development Quarterly* に掲載された論文も用いる。これらの論文の時期としては，OECD/CERIの報告書にみるように，オーストラリアに直接的に影響を与えたと考えられる，障害のある生徒のトランジションが国際的にも課題として認識され始めた1980年代から，トランジション理念が浸透し，さまざまな実践が報告されるようになった1990年代のものを取り上げる。

　オーストラリアについては，大きく連邦政府レベルとニューサウスウェールズ州レベルで分けることができるが，いずれも教育行政並びに福祉行政の文書を扱う。

　とくに，連邦政府レベルの教育行政に関しては，教育施策の立案に直結した

連邦学校審議会をはじめとする各種審議会の答申から，学校教育の意義やそれに照らしたトランジション支援の位置づけ方など，審議会それぞれの立ち位置や提言の相違などをふまえつつ詳細に分析していく。その際，先行研究として，同国の教育行政に関してはウェルチ（Welch, A.）やダッドリーとヴィドヴィッチ（Dudley, J. and Vidovich, L.），障害児教育に関してはアシュマンとエルキンス（Ashman, A. and Elkins, J.）による研究，障害のある生徒のトランジション支援に特化したものとしてはアンドリュース（Andrews, R.）やパーメンター（Parmenter, T.）による研究をとくにふまえている。

連邦政府レベルの福祉行政については，西村淳らの同国の社会保障に関する先行研究によりつつ，ノーマライゼーションの実現に向けた改革の中身を規定した審議会答申をはじめ，各種の行政文書を用いる。

ニューサウスウェールズ州については，障害児教育の全体像について教育を管轄する省による文書や報告書，カリキュラムについては学習局による文書，トランジションのパイロットプログラムに関しては，先のパーメンターとリッチス（Parmenter, T. and Richs, V.）による先行研究をふまえていく。

## 第4節
## 本書の構成

ここでは，本書の構成について説明する。

第1章では，障害のある生徒のトランジションが国際的にどのように理解されてきたのかについてまとめ，その重要性を改めて述べる。国際機関として障害のある生徒のトランジション研究にいち早く着手したのは，OECD/CERIである。1970年代から障害のある生徒のトランジションにかかわる研究報告書を出しており，各国の実践報告としても重要な資料となっている。また，オーストラリアが障害のある生徒のトランジション支援を体系化させる際の重要な契機となったのは，OECD/CERIによる調査の受け入れであった。続いて，国

連やユネスコにおいて，障害のある生徒のトランジションがどのように扱われてきたのかについてまとめる。インクルーシブな社会の構築に寄与するための取り組みとされたことを，関連する文書から読み解き，トランジション支援の意義をまとめる。最後に，OECD/CERIが参考にしたアメリカのトランジションモデルや，トランジション支援の実践にかかわったところで提言がなされてきたキャリア発達研究を整理し，障害のある生徒のトランジション支援の実践レベルにおいて，見過ごされてはならない観点を示す。

　第2章以降からは，オーストラリアに焦点を当てる。

　第2章では，オーストラリアにおいて，障害のある生徒のトランジション支援が体系化される以前の動き，しかしながら，トランジション支援において重要な萌芽がみられる1970年代から1980年代にかけての連邦政府レベルの障害児教育振興策の中身と，そこでトランジションが優先課題として位置づけられるまでの経緯をまとめる。さらに，連邦政府レベルで障害のある生徒のトランジション支援が施策に乗るようになるなかで，同時期に議論され始めた若者全般のトランジションにかかわる学校役割ともかかわりながら，障害のある生徒のトランジションにおける課題が精緻に捉えられていく様子を明らかにする。

　第3章では，まず前章までの流れを土台として，1980年代半ば以降の経済合理主義に貫かれた教育改革によってトランジション支援がいかに位置づけられたのか，さらに，1990年代以降のリテラシー・ニューメラシーといった基礎に重きを置く教育成果の追求と，職業教育訓練の重視といった二つの流れがどのような根拠をもって主張されるようになり，トランジション支援の中身として学校に期待されていくようになったのかを明らかにする。そして，以上をふまえて，障害のある生徒がトランジション支援の対象として明確に位置づけられる経緯も示す。

　第4章では，連邦政府による教育以外の分野で，障害のある青年を対象としたトランジション支援がいかに行われたのか，そして，その後，教育分野とどのような連携があったのかを整理する。さらに，前章でみる経済合理主義的教

育改革とほぼ同時に実施されたノーマライゼーションへの転換をめざした福祉改革，それを土台として，2000年代以降の，福祉に頼らず就労を模索させる流れや，ソーシャル・インクルージョンというスローガンが，トランジション支援の必要性を打ち出していったことを明らかにする。

　第5章では，ニューサウスウェールズ州に焦点を当て，障害のある生徒のトランジション支援の在り方の実際を捉える。同州は，オーストラリアにおいてトランジション支援の先駆け的取り組みを行ってきた。その実績を生かし，また，昨今のインクルーシブ教育の先をめざす障害児教育施策のなかで，どのような体制やカリキュラムをもっているのかについて明らかにするとともに，これまで述べてきた連邦政府レベルの動きが各学校レベルに見事に落とし込まれていることを示したい。

　終章では，内容の総括を行う。

**注**
(1)　たとえば，21世紀の特殊教育の在り方に関する調査研究協力者会議（2001）21世紀の特殊教育の在り方について（最終報告）．を参照。
(2)　山中冴子（2009）特別支援学校学習指導要領をめぐる論点．教育，59（7），83-91．
(3)　全国特殊学校長会編（2002）障害児・者の社会参加をすすめる個別移行支援計画．ジアース教育新社．を参照。
(4)　山中冴子（2005）トランジション概念の国際的到達点—日本における青年期教育論との接点．埼玉大学紀要教育学部（教育科学），54（1），167-179．
(5)　前掲（3），15．
(6)　梅永雄二（2000）自立をめざす障害児者教育．福村出版．を参照。
(7)　前掲（3），48-49．
(8)　前掲（3），56-62．
(9)　東京都知的障害養護学校就業促進研究協議会編（2003）個別移行支援計画Q&A基礎編——一人一人のニーズに応じた社会参加へのサポート．ジアース教育新社．を参照。
(10)　望月葉子（2006）職業リハビリテーションからみた移行支援の課題．発達障害研究，28（2），109-117．

(11) 向後礼子（2006）職業評価からみた移行支援の課題―軽度発達障害者を対象として―．発達障害研究, 28（2）, 118-127.
(12) 望月葉子（2002）軽度発達障害者の「自己理解」の重要性．発達障害研究, 24（3）, 254-261.
(13) 原智彦・内海淳・緒方直彦（2002）転換期の進路指導と肯定的な自己理解の支援―進路学習と個別移行支援計画を中心に．発達障害研究, 24（3）, 262-271.
(14) 文部科学省（2004）キャリア教育の推進に関する総合的調査研究協力者会議報告書．を参照．
(15) 文部科学省（2006）小学校・中学校・高等学校　キャリア教育推進の手引き．を参照．
(16) 松矢勝宏（2010）キャリア教育への接近．全国特別支援学校知的障害教育校長会編著，特別支援教育のためのキャリア教育の手引き―特別支援教育とキャリア発達, 8-15.
(17) 松為信雄（2007）障害のある人のキャリア発達の形成と支援．発達障害研究, 29（5）, 310-321.
(18) 木村宣孝・菊地一文（2011）特別支援教育におけるキャリア教育の意義と知的障害のある児童生徒の「キャリアプランニング・マトリックス（試案）」作成の経緯．国立特別支援教育総合研究所紀要, 38, 3-17.
(19) 尾高進（2010）知的障害教育におけるキャリア教育と職業教育．障害者問題研究, 38（1）, 20-27.
(20) 渡部昭男（1997）障害を有する青年のトランジション保障と職業教育のあり方．障害者問題研究, 25（2）, 13-27.
(21) 田中良三（1997）知的障害児の職業教育の検討．障害者問題研究, 25（2）, 28-41.
(22) 専攻科の設置は盲・ろう学校が先行し，養護学校（知的障害特別支援学校）では私立で設置が進められて来た。国立附属校として初めて専攻科を設置したのは，鳥取大学附属養護学校（現・鳥取大学附属特別支援学校）であり，2006年の開設である。同校における青年期教育の教育課程や実践例等については，渡部昭男（2009）障がい青年の自分づくり―青年期教育と二重の移行支援．日本標準，に詳しい。
(23) 前掲（3）, 41.
(24) たとえば，下記を参照。玉村公二彦・片岡美華（2008）オーストラリアにおける「学習困難」への教育的アプローチ．文理閣．片岡美華（2011）オーストラリアのインクルーシブ教育施策と合理的調整：クィーンズランド州の動向を中心に．障害者問題研究, 39（1）, 49-53.

# 第 1 章
# 障害者のトランジションとは何か

## 第 1 節
## OECD/CERI によるトランジション研究

### 1 トランジションの理念について

　OECD の教育研究革新センター（Centre for Education and Research Innovation；以下 CERI）は，1978年から障害のある青年のトランジションにまつわる研究調査や行動計画に着手した(1)。その後，1986年にはオーストラリア，フランス，スウェーデンの協力のもとに国家政策及び施策の研究を行い，1988年にはトランジション理論の到達点を示した。さらに1991年には，各国のトランジション状況を調査するプロジェクトを行っている。その後は，障害者の高等教育へのアクセスなどトランジションそれ自体というよりはむしろ，学校教育修了後に準備されている選択肢への参加状況に焦点をあてたプロジェクトを主に展開してきた。

　1980年代，障害のある青年に限らずすべての若者にとって，先進国における学校からその後の仕事へのトランジションは，経済の悪化などにより非常に困難なものとなっていた。加盟国の多くで若者の失業率の高さが社会問題となっており，とりわけ障害のある青年の状況は深刻であった。ちょうどこのころは，障害者福祉施設が自立生活支援に取り組み出した時期であり，障害者を長

く「過保護な」状態に置いておくことでかえって，障害者本人や家族が不慣れな地域に出ていくことを躊躇してしまうといった福祉サービスによる逆効果ともいうべきものが，福祉実践の側から指摘され始めていた。障害者のトランジションについてもこれと同じようにいえるとし，早いうちから就労に備えた支援を実施する必要があると，1983年に出されたOECD/CERIによる報告書『障害のある青年の教育〜学校から仕事へのトランジション (*The Education of the Handicapped Adolescent: the Transition from School to Working Life*)』では述べられている。障害者は常に構造的失業に陥る傾向にあり，就労したとしても「安い労働力（cheap labor）」として搾取されるのではないかと懸念しつつも，OECD/CERIが就労にとくに関心を寄せたのは，「仕事は自分を自分以外の者のようにノーマルであると感じさせ，自己の尊厳を与えてくれる」ため，と説明されている。トランジションを円滑に進めるための必要要件としては，以下が示された[2]。

① 適切な教育
② 可能な程度の自律（personal autonomy）
③ レクリエーションを含む社会生活への準備
④ 生活を成り立たせるための自活能力

その3年後の1986年に出された『障害のある青年〜成人への道 (*Young People with Handicaps: the Road to Adulthood*)』では，成人期という視点からトランジションについての見解が以下のように深められた。

「トランジションとは，個人が家族，地域，そして国家政策によって与えられた社会的，文化的，経済的，法的文脈において，思春期から成人期へと成長を果たす過程である[3]。」

成人期は社会的，文化的，経済的，そして法的文脈という多様な切り取り方

が可能である一方で，それらを総合的に保障していくことこそトランジション支援であるということが，この定義からは読みとれる。さらに，思春期から成人期という発達段階について言及していることから，障害者のトランジションに向けた心理的側面についても考慮しているといえる。成人期は広範なものであり，「成人」として認められるための条件は国や地域，文化によってさまざまであるが，概ね以下の4領域にみられるという。

① 自律，自立（independence）及成人としての立場
② 経済的自活を導く生産的活動
③ 社会的関係・地域参加・レクリエーションと余暇活動
④ 家庭での役割履行

ここで重要なのは，障害者本人がそれぞれの領域においてどの程度の選択幅を有しているかという点である。国や地域によって異なるが，相対的に実践の立場からトランジションが認識され，その準備がなされる時期を OECD/CERI は次の3段階に区分している。

① 学校教育最終学年における準備
② 訓練過程，ガイダンスなどの職業準備や継続教育
③ 仕事及び成人生活の開始

換言すれば，国や地域，文化等によって異なるとはいえ，先にみた四つの領域を個々に適したレベルで達成していくことこそ「成人」への道筋，つまりはトランジションなのであり，その道筋を支援していく時期が上記の三つの実践段階である，とまとめることができよう。この見解は，その後の報告書でも一貫している。

OECD/CERI はトランジションがうまく機能した場合の目標を有給雇用に定

め，自立生活を成功させるうえでも不可欠なものとみなしている。有給雇用の形態には保護雇用も含まれる。しかしOECD/CERIも自覚していることだが，重度の障害者の就労に代わる手だてや，自立生活の定義及び障害者すべてが自立生活に到達すべきかについて明確な答えを出せておらず，暗に範疇外となる障害者が多数いることは問題視されねばならない。OECD/CERIがトランジションの研究調査に乗り出した背景には，障害者の高い失業率があった。労働市場の変革ではなく，障害者自身が労働市場に対応できる知識とスキルを身につけることを重視し，福祉サービスの充実を視野に入れなかった姿勢は，このような見解を導いたといえる。渡部昭男はこの点に関して，「障害者をサービス受給者からなんらかの生産的人材・納税者とすることによって社会保障などコスト削減をねらうしたたかさ」があるとして厳しい批判をしている[7]。

　1988年に出された『障害のある青年〜成人への権利（*Disabled Youth: the Right to Adult Status*）』では，OECD/CERIのそれまでのトランジション研究の総括をふまえ，一定の到達点が示された。障害者観の見直しを迫るものとしてトランジションを新たに捉え返し，権利論に結実させたのである。OECD/CERIによれば，障害者は長い間，被保護者的生活を余儀なくされてきた。そのような状況を支えたのは，障害者を無能（incompetent）な存在とみなし，「永遠の子ども期（eternal childhood）」しか保障しえない障害者観であった[8]。OECD/CERIはこのような障害者観を乗り越えるために，成人アイデンティティを確立するためのトランジションを「成人への権利（the Right to Adult Status）」として主張する。

　ここではトランジションを次のように精緻に定義している[9]。

「成人へのトランジションとは，成人アイデンティティと，自分には能力があるという自信，子どもの頃には必要だった親からの援助なしに生きていくことができるといった自信の確立を意味する。子どもから大人へのトランジションは，自尊心や自分自身でたつことができるという自信，つまり，子ど

も期のような生活を一生続けるということではなく，必要なときには援助を求めることができるといった自尊心や自信を確立していく段階的プロセスとして定義することができる。」

以前の定義と比較すると，このトランジションの定義には障害者観の転換がみられることは明らかである。それにともない，自尊心（self-esteem）や自信（confidence）といった心理的側面や，援助の受け方という経験が具体的に明記され，以前の定義以上に障害者を中心に据えた定義になっている。

1986年当時に示された，「成人」への条件を満たすことは障害の有無を問わず複雑かつ困難の多い課題であるという認識は，ここでも基本的には変わらない。しかしながら1988年に出された本書では，上記のトランジションの定義にあるように，障害による何らかの制約，その制約によって生じる他者への依存，そして依存からもたらされる「永遠の子ども期」ともみえる状況，以上の三つの要素がそれぞれ密接な関係をもった形で把握される傾向にあることから，障害者が「成人」として認知されるのはさらに困難であるという，構造的な把握がなされた[10]。また，思春期・青年期を重要な時期として位置づけている点も，従来の見解と基本的に相違はない。しかしそれも，単に障害者本人が心理的に成人期に向けて踏み出す時期として重視するだけでなく，保護者や施設がつくりだす過保護な状況が障害者の思春期・青年期を妨げる傾向にあるという認識と合わせて指摘されており，トランジションの定義とともに深化している。

ノーマライゼーションの観点から，障害者が「成人」になるうえで考慮されるべき要素としては，次の通りである[11]。

① 社会化と仲間集団
② 親離れ
③ 自律（autonomy）の阻害要因としての施設
④ 性的関係と結婚

①は，障害のある児童生徒が障害のない児童生徒を含む仲間集団内で社会化していくことの必要性についての指摘である。仲間集団内で果たすべき役割や責任，仲間との衝突や協力を通して，障害の有無を問わず，すべての児童生徒に実社会の縮小版を体験させることが求められている。②と③は，障害者が自らの力で生きていくことができるという実感を得にくい状況や，プライバシーの保護が困難な状況をつくり出すという，いわゆる過保護的環境が提供される傾向にあることに留意を促す指摘である。④は，成人期一般においては当然アクセス可能であるべき項目としてあるにもかかわらず，障害者にとってはタブー視されてきたことへの反省をふまえている。

　これらに加えて，仕事を得ることによってもたらされる成人期の充実について，別に言及されている。障害者が仕事に携わることで可能になる社会の成人成員としてのアイデンティティ形成（責任感や地域への積極的貢献等）や，社会に接触する機会の拡大が，その意義として認められるという。経済的自立の文脈から一歩進んで，障害者の心理的影響や社会的接触にも配慮した捉え方がなされているのがわかる。

　1991年の『障害のある青年～学校から仕事へ（Disabled Youth: from School to Work）』では，1988年の権利論をふまえたトランジションの実施状況について，OECD加盟国の調査結果がまとめられた。トランジション理論とかかわって最も興味深いのは，先の「成人」としての四つの条件（①自律と自立，②経済的自活を導く生産的活動，③社会的関係・地域参加・レクリエーションと余暇活動，④家庭での役割履行）にあった「経済的自活を導く生産的活動（productive activity（i. e. "working life"）leading to economic self-sufficiency）」から経済的自活という言葉が削除され，「生産的活動（productive activity）」とされた点である[12]。これは，職業的自立の強調を緩和するものとして提示されたものと考えられる。

　以上，OECD/CERIによるトランジション研究は，各加盟国の理論及び実践から学びつつ，「成人」になりゆく道筋という観点からトランジションを捉えた。そしてトランジションを「成人への権利」の保障そのものであるとした。実践

現場では理論に先行して長きにわたって課題となってきたトランジション保障について，権利論の立場から改めてその重要性が認識されたといえよう。「成人」要件の「生産的活動」を就労に限定しない形で再定義した点も，障害者の多様な自立の観点からみて評価できる。このようなトランジション概念の深まりは，ノーマライゼーションや自立生活運動など，障害者にまつわる理論や実践の発展とともにある。しかし就労や自立生活以外の具体的なトランジション目標を提示しえない点は，障害者すべての成人期を豊かにするには不十分といわざるをえない。

## 2　トランジション支援の実践について

トランジション理念が深まると同時に，トランジションを保障するための実践についてもより具体性をもって検討されていった。

1983年の『障害のある青年の教育〜学校から仕事へのトランジション』では，実践についてほとんどふれられることはなく，トランジション保障に必要とされる「適切な教育」の意味内容は必ずしも明確ではなかった。しかし，1986年の『障害のある青年〜成人への道』では，トランジション実践のなかでも学校教育に求められる役割についてより詳しく説明されている。まず，円滑なトランジションを妨げる要因として，不十分な教育，社会の冷淡な態度，否定的な自己像，不十分な支援システム，身体もしくは知的障害による現実的な制約といったものが挙げられている。したがって各実践段階では，これらの要因に配慮した取り組みが求められるとし，障害者の尊厳を守ることや，障害者が身を置く環境に対する働きかけの必要性を基本認識として，障害者のトランジションには，障害のない者以上に細やかな計画と，関係機関，本人及び家族，学校その他の機関連携が重要であるとした。[13]学校教育ゆえに必要な役割としては，まず，一般的な職業的スキルと特定の職業的スキルのバランスを保ちつつ，変化の早い労働市場と，それにともなう学校教育後の訓練プログラムに応えうるような柔軟性のあるカリキュラム及びプログラムを作成する必要が指摘されて

いる。2点目としては、ガイダンスやカウンセリングを通して学校卒業後の選択肢を適切に決定していくために多様な専門家が評価にあたること（multi-professional assessment strategies）であり、生徒本人や保護者、教員を含めて関係者すべてが十分に情報を共有していることの重要性が指摘された[14]。

トランジションの保障を「成人への権利」とした1988年の『障害のある青年〜成人への権利』では、実際の援助の仕方について、障害理解に社会構成主義の観点を取り入れ、負のラベリングを避けるようなアプローチの必要が強調されている。そして、障害種別と障害者のニーズが必ずしも一致しないという認識、障害の医療モデルからの脱却、サービスに対する利用者の観点（consumer perspective）の導入、以上3点が不可欠なものとして挙げられた[15]。

1991年の『障害のある青年〜学校から仕事へ』では、トランジション実践の重要なポイントとして、従来の見解を確認する形で次のようなことが示された[16]。

① トランジションの計画は、個別化され、柔軟性があり、対話的に作成されること
② 心理—社会的要因に適切に配慮すること
③ 進展、継続、フォローアップ、説明責任が計画的に実施されること
④ 意思決定に本人とその家族が関与すること

これらに加えて、障害の有無で教育の場を分離することに対する批判と、障害者が暮らす地域に適したサービスが常に利用可能であるべきことの指摘がなされている。

一方、支援システムや実践レベルの課題とされたのは、関係諸機関の連携、本人と家族への情報提供の手段、計画の個別性の保障、トランジション過程の連続性の保障、トランジションに向けた本人の準備のされ方、そして、トランジション支援に携わる専門職とその養成の在り方であった[17]。学校教育最終学年

から仕事及び成人生活の開始までの一連の過程において個々のケースに即したトランジションを支援するためには，学校と関係諸機関（教育，保健衛生，社会福祉，就労など）の縦断的なサービスの継続と支援の一貫性，そして，学校をはじめ各機関内部の横断的サービスの調整と統合が重要とされている。保護者と生徒にかかわるすべてのスタッフの連携を密に保ちながら，障害種別にもとづいたサービスではなく個々のニーズに適したサービス提供が，できる限り障害者の自己決定を通してなされるべきであるというのがOECD/CERIの見解である。

　以上，トランジション実践について，とくに学校役割に関しては，報告書が出されるごとに明確にされてきたといえよう。再度要約すれば，学校教育はトランジションにかかわる三つの実践段階の一つとして，「成人」になりゆくための4領域を満たすための準備をする。学校教育段階で重要視されている具体的な点は，職業教育訓練，他機関連携，障害のある生徒の自己決定，家族との協力体制，障害の有無で分離しない教育形態などである。しかし先の渡部の批判と関連して，課題は残る。まず，就労にとどまらない生産的活動を可能とするような学校教育役割を，どのようなものとして考えるのか。「成人」要件の「生産活動」は経済的自活に限定されないものとされている。問題なのは，OECD/CERIが職業的自立とその他の自立形態が同列にあるという認識にたっているのか否かという根本的立場である。さらに，職業的自立が期待できる生徒たちにとっての学校教育の捉え方自体についても危惧を感じる。OECD/CERIによる指摘に沿えば，そのような生徒たちにとっての学校教育は職業教育訓練に過度に傾斜する危険性がある。学校教育の目的は職業教育訓練と同一のものなのか，「生産活動」以外の「成人」要件を学校教育ではどのように取り入れていくことが求められるのかといった点を検討していく必要があろう。

# 第2節
# 国連機関におけるインクルーシブ教育の文脈から

## 1　インクルーシブ教育の指向

　1990年代に入ると，ユネスコもトランジションに対して関心を寄せるようになる。OECD/CERI のトランジションを下支えした理念がノーマライゼーションや自立であるならば，ユネスコのトランジションへの関心を支えたのはインクルージョンであった。つまり，インクルージョンの実現においても，トランジション支援は重視されていくこととなるのである。そこで，ここではまず，障害児教育に関する国際的な認識がいかに構築されていったのかを整理する。

　「世界人権宣言」（1948年）の趣旨を具現化するための「経済的，社会的及び文化的権利に関する国際規約（以下，社会権規約）」（1966年）では，その13条に，「締約国は，教育が人格の完成及び人格の尊厳についての意識の十分な発達を指向し並びに人権及び基本的自由の尊重を強化すべきことに同意する。更に，締約国は，教育が，すべての者に対し，自由な社会に効果的に参加すること，諸国民の間及び人種的，種族的又は宗教的集団の間の理解，寛容及び友好を促進すること並びに平和の維持のための国際連合の活動を助長することを可能にすべきことに同意する[18]」とある。個々人が教育を通じて全面的な発達を保障され，社会に参加し，新たな社会の形成者になっていくという意味で，教育は個の発達を通して社会の発達を導くことが示された。

　社会権規約にある教育の意義は障害者においても同様であり，とくに障害者を特定の対象とした取り組みのなかで，より詳細に確認されてきた。「知的障害者の権利宣言」（1971年）では「その能力と最大限の潜在的可能性を発展させうるような教育」の権利が，「障害者の権利宣言」（1975年）では「その能力や技術を発展させ，彼らの社会的統合もしくは再統合の過程を促進する」教育の権利が明記されている[19]。このように1970年代には，障害者の発達可能性を認め，教育権を行使する者並びに社会の形成者として，障害者は障害のない者

と同等に位置づけられた。ノーマライゼーション理念が普及する1980年代には，権利として高らかに謳われた教育の機会均等化が課題とされた。たとえば，歴史的にも障害のある児童生徒の教育は主として分離教育形態で行われてきたが，ノーマライゼーションを教育の場で実現しようと，障害のある児童生徒が通常学校で学ぶ取り組みが盛んに模索されるようになった。しかし，通常学校は障害のある児童生徒に対応できる環境（人的・物的配慮だけでなくカリキュラム等も含む広範な意味をもつ）としては不十分で，障害のある児童生徒が学校に「投げ込まれる」，「合わせる」取り組みに批判が高まった。そこで，彼らを通常学校の中心的な存在として認めうる学校の在り方が模索されるようになる[20]。

1990年代に入ると，「障害者の機会均等化に関する基準規則（以下，機会均等化基準規則）」（1993年）やユネスコの「特別なニーズ教育に関するサラマンカ声明と行動の枠組み（以下，サラマンカ声明）」（1994年）にあるように，障害のある児童生徒の教育的ニーズが尊重されながら適切に学びうる環境を整えた通常学校（inclusive school：インクルーシブ学校）の推進が求められるようになった。機会均等化基準規則では[21]，障害がある中でも女性，子ども，高齢者，貧困層，移民，重複障害，先住民，民俗的マイノリティ，難民など，障害者グループのなかにある多様性に配慮する必要性が述べられている。そして「サラマンカ声明」[22]では，これまで主流とされてきた障害種別にもとづくステレオタイプ的な対応をさけ，障害にとらわれない学習上の困難に対して（学習困難をスペクトラムで捉える），すべての子ども個々のニーズを見極めて学習支援を行うこと（特別なニーズ教育）を可能とする一元的な学校システム（インクルーシブ学校）の構築がめざされている。個々の教育的ニーズの尊重と，それに対応した実質的な教育保障への十分な努力の先に，真の教育の機会均等化，そしてインクルーシブ学校の実現があることが確認されたといえる[23]。人権保障の基盤をなす教育が，誰もが歓迎される共同体（welcoming communities）や排除のない社会（inclusive society）づくりに寄与するためには，障害のある児童生徒を排除しない仕組みをつくる必要があるという認識は，インクルーシブ学校の推進に貢献

した。インクルーシブ学校を実現するために必要なこととして，教育施策の検討，通常学校での支援体制やカリキュラムの柔軟性の確保，さらには教員養成や現職教員への研修まで，幅広く言及されている。

　実のところインクルーシブ教育（inclusive education）は，障害者教育のあり方を問い直す以上の広がりをもつ理念である。サラマンカ声明よりも前の1990年，ユネスコは他の国際機関やNGO等とともに「万人のための教育（Education for All；以下，EFA）世界宣言（以下，EFA宣言）」を採択した。これは10億人以上の子ども（6億人の女子を含む）が初等教育にアクセスできていないことや，9.6億人以上の成人（その3分の2は女性）が非識字であることなどを背景に，教育を生活水準の向上及び民主的な社会の基礎として，さらに平和や開発に対する長期的投資として捉え，改めて社会的マイノリティを含めた万人の教育権を宣言したものである。EFA宣言は，これまでの「国連障害者の10年」や「女性差別禁止条約」，「子どもの権利条約」などの趣旨を総合したものといえる。インクルージョンは排除（exclusion）に対する概念であり，種々の社会的マイノリティへの差別を克服した社会を意味する。ユネスコは，インクルーシブ教育を排除のない社会の構築に向けた教育的アプローチとして捉え，EFAを実現するための重要なツールと位置づけている。とくに2000年以降は「国連ミレニアム宣言」の影響もあり，発展途上国の識字教育やエイズ教育，女子教育がインクルーシブ教育の取り組みとして報告されるなど，障害者教育の枠組みを大きく越えている。つまり，サラマンカ声明は障害者に特化しつつ，排除のない社会の形成を念頭に置いて，インクルーシブな教育の必要を主張しているのである。

## 2　インクルーシブ教育とトランジション支援の関係

　サラマンカ声明では，優先的に取り組まれるべき課題として，①早期教育，②女子教育，③成人生活へのトランジション（the transition from education to adult working life）が挙げられた。③のトランジションについて，具体的には「成

人生活への準備（preparation for adult life）」と，「成人・継続教育（adult and continuing education）」の整備の必要性が指摘されている。まず「成人生活への準備」について，障害のある生徒が「経済的にアクティブ（economically active）」な存在になりうるよう，学校は成人生活において求められる日常生活上のスキルやコミュニケーションなどの社会的なスキルを身につける場として機能することが求められた。具体的には，学校の外で，実生活に近い状況下でスキルを習得する機会を設けることが奨励され，職業指導員（vocational guidance counsellor）を配置すること，各種の職場や関係機関との連携を密にすること，また，高等教育や職業訓練機関への入学準備がなされるべきことも併せて述べられている。続く「成人・継続教育」については，障害者に合わせたプログラム提供の必要性が認められている。障害者といっても，先に述べたようにニーズは一枚岩ではないため，多様性に配慮すべきとされている。このような提言は，関係者にとっては決して目新しいものではない。しかしここで重要なのは，トランジション支援がインクルーシブな学校を実現させようとする文脈において位置づけられたうえで，学校役割について言及されているということである。

　障害者の教育がニーズを軸に構想されるべきこと，個々のニーズの把握は障害の存在を無視するものではないが障害の有無を問わない原則であるべきこと，そして個々のニーズを丁寧にふまえた教育を保障する学校をインクルーシブな学校として位置づけることができるという主張は，インクルーシブ教育という言葉でもって，2006年に採択された国連・障害者権利条約においても引き継がれることとなった。

　障害者権利条約は，これまでの関連する条約や文書，取り組みをすべてふまえてつくられた。この条約には合理的配慮（reasonable accommodation）が盛り込まれ，玉村公二彦によれば，障害者のあらゆる権利を実質的に保障することをめざしており，差別撤退にとどまらないものであるという。[28]障害者の人権における国際的到達点を示すだけでなく，実体法の改善に対して効力を有するという意味でも，障害者権利条約が各国に与える影響は大きい。[29]同条約は全体と

してインクルーシブな社会の形成をめざし，教育条項（第24条）ではそれに寄与するインクルーシブな教育を求めている。

　教育条項のなかでは高等教育一般，職業訓練，成人教育，生涯学習について述べられており，さらに，リハビリテーション（第26条）や労働や雇用（第27条）についての条項もある。トランジション支援にかかわっては，インクルーシブ教育に加え，就労を通じて地域に参加するための職業リハビリテーションの推進が求められている。インクルーシブ教育の在り方，インクルーシブな社会の形成は，各国の解釈や進め方によって一様ではない。しかし，トランジション支援は，障害者への偏見や差別に真正面から対峙し，排除のない社会を具体的に形成していくための重要な取り組みの一つとして位置づけられたといっても過言ではないであろう。つまり学校は，障害者差別に対する理解と認識，そして，サラマンカ声明にある学校役割（成人生活に求められるスキルなどの獲得）に対する姿勢や解釈を，改めて問われることになったといえる。

## 第3節
## トランジションの理念並びに学校役割の構築に寄与した研究

### 1　アメリカにおけるトランジションモデルの開発

　トランジションの理念を確立するうえで，国際機関や本論の対象となるオーストラリア，そして日本にも影響を与えたのは，アメリカの動向であった。

　ハルパーン（Halpern, A. S.）によれば，アメリカにおけるトランジションは，1960年代の仕事・学習プログラム（work / study program）を起源とする[30]。これは，地域での仕事にまつわる教育活動を職業体験（work experience）として学校教育に導入したプログラムである。ハルパーンは，この取り組みが地域という視点を獲得していた点に肯定的な評価を与えている。しかしながら，この時期の取り組みは職業的自立の観点に限定される傾向にあり，なおかつ，職業体験に参加できる生徒におのずと限定されることは言うまでもない。

続いて1970年代には，仕事・学習プログラムを吸収する格好で，初等教育段階から通常教育のなかで職業選択の素地を育てるキャリア教育が実践されるようになる。1977年には期限付ではあったが，「キャリア教育振興法（Career Education Implementation Incentive Act）」が公布された。キャリア教育は先の仕事・学習プログラムとは異なり，児童生徒の障害の有無を問わず，キャリア発達を学校教育段階で実現しようとしたものである。スプートニク・ショックとかかわりをもって導入されたキャリア教育は，その理念から離れて数学や科学の重点化を推し進めたが，学校卒業後からその後の仕事への移行をスムーズにするという保証はなかった。結果として，若者の失業によってもたらされる社会的コストの削減に対するキャリア教育の貢献度は低いとみなされ，アメリカ国家の教育的関心はキャリア教育から遠のいた(31)。

　1980年代初頭，とくに障害のある生徒たちにとって学校教育修了後の生活は，学校教育段階のみの努力で豊かになるとは言い難いことが国家レベルで認識されるようになる。たとえば1980年実施の国家調査は，障害のある生徒は障害のない生徒に比べて中途退学の率が高いこと，読み書き計算などの基礎学力が低いこと，職業教育訓練へのアクセスが低いことなどを明らかにした(32)。それを受けて1983年，アメリカ連邦政府は，障害者は3歳から21歳まで無償で適切な教育を受けられることを明記した1975年制定の「全障害児教育法（Education for All Handicapped Children Act）」を改訂し，障害のある生徒の中等教育とトランジションサービス（Secondary Education and Transitional Services for Handicapped Youth）を特殊教育・リハビリテーションサービス局（Office of Special Education and Rehabilitative Services；以下，OSERS）の責任下で実施することを定めた。ここでは，中等教育段階の特殊教育（special education）の内容を改善し，中等教育から職業教育訓練，もしくは成人向けサービスなどへのトランジションを援助するために，関連するサービス内容の充実と学校及び関係諸機関の連携を強化することがめざされた(33)。

　以上のような法整備に先駆けて，障害のある生徒のトランジション研究は

1980年代以前から存在していた。その多くは知的障害の生徒を研究対象としており，1970年代には知的障害の生徒のトランジション状況が州レベルで徐々に報告されるようになってきた。(34) 1980年代は，知的障害に限定されない形で障害のある生徒のトランジション状況を明らかにする研究や，就労をトランジションの最終目標として障害のある生徒がそれに到達するために必要な学校役割や関係機関連携のあり方などを追究する研究が目立つ。

この頃の研究の多くが学校教育からのトランジションの最終目標として就労に注目したのには，OSERSが行政機関として「就労（Employment）」をめざしたトランジションモデルを開発し，学校から就労に向けたトランジションサービス形態を，「障害者対象のサービスを要しない場合（No Special Services）」，「期間限定の障害者向けサービス（Time-Limited Services）」，そして「継続的な障害者向けサービス（Ongoing Services）」に分類したことが深くかかわっている（図1-1を参照）。とくに最後の「継続的サービス」は，伝統的にトランジションサービスの対象から外されてきた重度の障害者を主たる対象としている。(35)

就労重視の研究スタイルが全盛のこの時期，「適した住環境での生活（Resi-

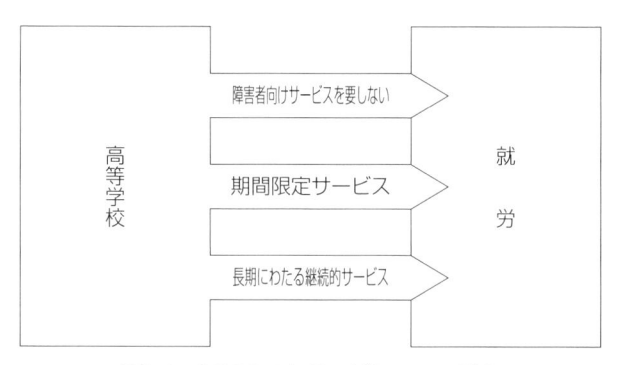

図1-1　OSERSのトランジションモデル

出典：Brolin, D. E. and Loyd, R. J.（2004）*Career Development and Transition Services; A Functional Life Skills Approach.* 4th ed., Pearson Merrill Prentice Hall, Upper Saddle River, N. J., 198. より筆者が訳して作成。

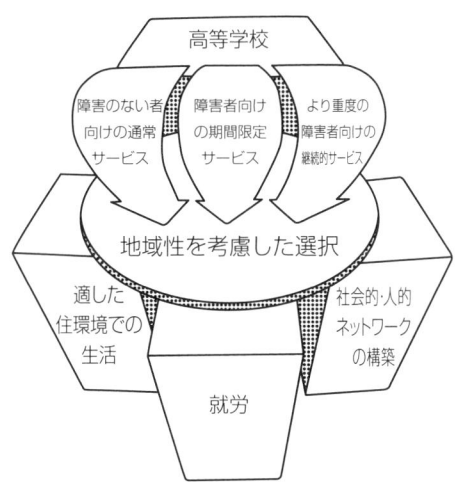

図1-2　ハルパーンによるトランジションモデル

出典：Brolin, D. E. and Loyd, R. J.（2004）*Career Development and Transition Services; A Functional Life Skills Approach*, 4th ed., Pearson Merrill Prentice Hall, Upper Saddle River, N. J., 49. より筆者が訳して作成。

dential Environment）」や「社会的・人的ネットワークの構築（Social and Interpersonal Networks）」といったオプションを「就労（Employment）」と同等に配置し，トランジションモデルを刷新したのがハルパーンである。図1-2を参照されたい。障害のない者のトランジションと同様に就労のみが重視されてきたトランジション研究や実践において，障害者の就労に限定されない多様な自立形態が就労と同等に位置づけられたハルパーンによるトランジションモデルは，その後の国内外での障害のある青年のトランジション研究や実践に，大きな影響を与えた。

　トランジションの最終目標を多様化させることにより，学校教育段階における障害児教育の目標も多様性をもって拡大される。この新たなトランジションモデルの下，障害のある生徒個々のニーズに沿う形で学校役割が果たされることが，従来以上に期待できるようになったといえる。

1990年には，先にふれた1975年制定の「全障害児教育法」に代わり，「障害者教育法（Individuals with Disabilities Education Act）」が制定された。ここでのトランジションの法的定義とトランジションの必要性は，次のように説明されている。

　「トランジションとは，以下のように定義される。
　生徒のためにデザインされた成果志向型の活動であり，学校から後期中等教育後の教育，職業教育，援助付き雇用を含む通常により近い形に統合された雇用，継続・成人教育，成人サービス，自立生活，そして地域参加を含む多様な活動への移行を促進するものである。この一連の活動では生徒の趣向や関心が考慮され，教授活動，地域での経験，就労その他の成人生活の発展を包括し，日常生活スキルの獲得と実用的な職業評価を適切に実施するものである。」(36)

　以上の定義には，先のハルパーンによる理論の影響の大きさが明らかに読みとれる。ここでは，中等教育の内容を改善していくべきことや，障害のある生徒の多くが16歳以前に中途退学する傾向にあることから，それまでにトランジションに向けた取り組みを始めることが望ましいことも明記されている。この法律が1997年に再度改訂された時には，トランジションをスタートさせるべき年齢は16歳から14歳へと正式に引き下げられた(37)。

## 2　キャリア発達を考慮した実践提言

　アメリカのトランジションモデルの策定にともない，そこでの学校役割をいかに把握するかは不可避な課題としてあり続けた。
　図1-1のようなトランジションの目標としての就労に向けて，学校教育のあり方を検討する研究としては以下である。ハサジ，ゴードンそしてロー（Hasazi, S. B., Gordon, L. R. and Roe, C. A.）は，すでに中等教育を修了した障害者を対象

に調査を行い，居住地域，ジェンダー，中等教育修了形態（卒業か中途退学かなど），そして学校教育段階での職業教育訓練の有無，以上の４点が彼らの就労状況に影響を与えていることを明らかにした。また，調査対象者の多くが公的機関を通してではなく，個人的な人間関係（self-family-friend network）を通して就労先を得ている実情を示した。そこでハサジラは，公的機関による就労援助の充実を軽視しない一方，学校は生徒が豊かな個人的人間関係を結んでいけるように学習活動を組むべきことを提言した。また，ウェーマン，クリーゲルそしてバーガス（Wehman, P., Kregel, J. and Bargus, M. J.）は，障害のある生徒の学習進度を考えて，できるだけ早くから長期的に職業体験を積ませることが重要であるとした。これは，単純に低学年から何らかの職業教育訓練を開始するということではなく，年齢に沿って職業体験につながるような適切な体験を選択して与えることを意味する。同年代の障害のない生徒のスキルに近づけるために，学校には，①特定の職業スキルではなく，どのような職業に就いても必要とされる汎用的な教育訓練内容からなるファンクショナル・カリキュラム（functional curriculum），②障害のない生徒と統合された学校（integrated school）環境，そして，③地域をベースとしたサービスの利用，以上の３点が不可欠であるとした。学校役割にまつわる以上のような理解は，下記のストッデンとブーネ（Stodden, R. A. and Boone, R.）や，ミットホーグ，マーティンそしてアグラン（Mithaug, D. E., Martin, J. E. and Agran, M.）にも共有されていくこととなる。ちなみにファンクショナル・カリキュラムとは，キャリア教育が全盛の時代に開発された障害者を対象としたカリキュラムである。いくつかモデルがあるが，総じて，特定の職業的スキルではなく成人生活で必要となるスキルを広く身につけることを目的としているのが特徴である。しかしながらウェーマンらの指摘は，障害者のキャリア発達そのものに着目したというよりは，障害のない者とのスキルの比較が全面に出ているといえよう。

　ストッデンらは，このウェーマンらによる学校役割の認識とほぼ同様の立場に立ち，関係機関協同（collaboration）に着目する。トランジションはさまざま

な機関が関与するため，法律でも記されたようにその連携は不可欠であるとし，トランジション過程における関連機関役割と責任に関する同意の欠如，生徒・利用者のデータの収集・分析・解釈の食い違い，そして情報共有の効果的なシステムの欠如は，機関の協同の妨げになるとした[41]。

　一方，ミットホーグらは，就労をめざした円滑なトランジションに向けて，障害のある生徒に対する具体的な教授のあり方を描いた。彼らは，障害のある生徒の就労可能性を強化するために，特定の職業スキルではなく，さまざまな環境に適応できる能力や問題を自立的に解決する能力こそ，生徒に教授されるべきであるとした。教授過程において重視されるのは，意思決定（decision making），自立的実行（independent performance），自己評価（self-evaluation）そして調整（adjustment）といった一連の流れである。彼らによれば，この主張は特別なニーズのある生徒たちを自己で方向づけができる（self-directing）目的的な人間としてみることを学校に要請する[42]。

　1990年代に入ると，トランジション概念について言及する研究には，QOLやエンパワメント（empowerment）といった理念が付加されるようになる。つまり，従来，受動的な福祉対象者としてみなされてきた者を，自分の生活ひいては人生に対して主人公となる能動的な存在として位置づけるための実践が検討されるようになる。言い換えれば，キャリア発達研究からトランジション研究が深められていく傾向が顕著となるのである。

　スジマンスキー（Szymanski, E. M.）は，従来のトランジションが後期中等教育修了時のみのものとして捉えられ職業中心の姿勢であったことを批判し，トランジションはライフ・スパンとライフ・スペースを考慮したキャリア中心の姿勢であるべきと主張する。そして家族，地域，文化の３点を考慮しながら個々のトランジションを保障していくことの重要性を説いた[43]。レペットとコレア（Repetto, J. B. and Correa, V.）は，中等教育段階以前に経験されるトランジションに注目する。彼らは，障害のある乳児（たとえば，生まれた病院から家へ（hospital-to-home）の移行，医療が安定したら早期介入（early intervention）への移行な

ど),障害のある幼児(たとえば,幼稚園への入学,幼稚園から小学校への移行)に経験されるトランジションを視野に入れ,初等教育と中等教育間の情報共有の必要性を説いた[44]。以上のような指摘をほぼ含み込んだ形で,ブローリン(Brolin, D. E.)はトランジションモデルを作成し(図1-3を参照),トランジションに向けて学校に求められる要素を,①ファンクショナル/キャリア発達カリキュラム(a functional/career development curriculum),②雇用主,機関,保護者との協同(a collaborative effort with employers, agencies, and parents),③地域での生活や就労調整が軌道に乗るまでのサポートとフォローアップシステム,以上の3点に整理している[45]。このモデルでは,中等教育だけでなく初等教育もトランジションの準備期間と捉えられていることがわかる。

　障害のある生徒に限定しないキャリア発達研究一般は,現在の労働市場を一つの職業を経験するだけではすまされない不安定なものと捉え,そのなかですべての若者が柔軟性を保ちつつ満足のいく就労先を得ていけるような,もしくは変更していけるような援助を行う必要性を認識している。さらに,トランジションは後期中等教育を修了するのと同時に終了するものではなく,その後も何度も経験されるものとして捉え,キャリアの変更や子育てから何らかのキャリアへの復帰などを含めて,トランジション・パターンを多様なものとして捉えている。以上をふまえて,キャリア発達研究の文脈で求められる学校役割と

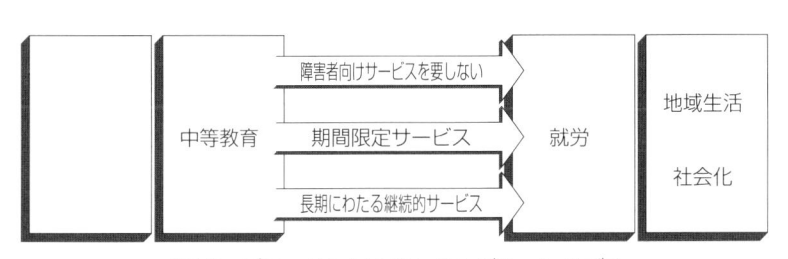

図1-3　ブローリンによるトランジションモデル

出典:Brolin, D. E. & Loyd, R. J.(2004)*Career Development and Transition Services: A Functional Life Skills Approach*, 4th ed., Pearson Merrill Prentice Hall, Upper Saddle River, N. J., 199. より作成。

しては，特定の職業スキルにとどまることなく，自己の適性を理解したうえでの継続的な学習が可能となるような，生徒たちへの心理的側面からの援助が重視されている。たとえば，トランジション支援の実践においては，非行，出産や育児，何らかの中毒，人種・ジェンダーの差別などによって中途退学の危険性がある，いわゆるアト・リスク（at risk）といわれる生徒たちへの援助が必然的に求められる。その意味からもキャリアカウンセラーは，中途退学を招く諸要因についても目配りをしたキャリアの援助をすべきとして，クランボルツとワーシングトン（Krumboltz, J. D. and Worthington, R. L.）はその職務をより深める必要性を指摘する。また，レント，ハケットそしてブラウン（Lent, R. W., Hackett, G. and Brown, S. D.）によれば，生徒にとって教育段階が上がるにつれて重要になるのは，自分で定めたゴールに向けて今の自分が何をすべきかを現実的なレベルで考え，実際に行動する力であるという。加えて，その過程において何らかの障壁を前にしたとき，自分がどのように対処するのかを冷静に判断することも重要であるという。学校では，これらの社会認知的発達を援助する必要性を，彼らは主張する。

このように，障害のある生徒に限定しないキャリア発達研究一般は，トランジションにおいても生徒の社会認知的発達を含めた内的成長にも目を配っていくことの重要性を強調しており，それと並行して，担当カウンセラーの担う役割の大きさを指摘している。障害者にとっての労働市場の捉え方は別に検討する必要があるが，障害のある生徒を対象としたトランジション支援においても，キャリア発達研究の指摘を看過することはできない。

## 小括

以上，本章では障害者のトランジションとは何か，さらにそれに照らして求められる学校役割とは何かについて，国際機関の文書や調査報告と関連論文の検討をもって，理論的到達点を探ってきた。

国際機関としていち早く障害のある生徒のトランジションにかかわる調査に

乗り出したのは，OECD/CERIであった。この背景の一つには，加盟各国でも障害のある青年を含む若者の失業率が高く，障害者本人の知識やスキルを高めることが国家経済における課題として大きく位置づけられたことがあった。渡部昭男は，トランジション支援の重視に社会保障などコスト削減への期待も見え隠れすることを指摘しているが，確かに，「成人」になりゆく道筋を保障する観点からトランジションを捉え，「成人への権利」という権利論に到達しつつも，トランジションの最終目標の設定や学校役割に関する点においては不十分であった。

また，国連やユネスコにおいては，障害種別にもとづく分離教育形態を主としてきた障害児教育の在り方をインクルーシブなものとして再構築するなかで，障害のある生徒のトランジション支援が，排除のない社会の実現に向けた具体策の一つとして位置づけられるに至った。とはいえ，やはりトランジションの最終目標や学校役割に関しては，「成人生活」の捉え方はあくまでも「working life」なのであって，障害のある生徒個々のニーズの多様性の尊重がトランジションの最終目標の多様性としてどのように理解されるのか，疑問が残るものとなっている。

アメリカにおける障害のある生徒のトランジション支援は，地域に目を向けた学校・仕事プログラムと，ファンクショナル・カリキュラムを導入したキャリア教育の流れを受けて，第3の理論及び実践として誕生した。1980年代のトランジション研究は，トランジションの目標を就労に限定し，それに向けた学校の取り組みと関係機関連携のあり方が模索された時期であった。しかし，ミットホーグらがいう，自己を方向づけすることのできる目的的な存在として障害のある生徒を捉える必要や，ハルパーンによる障害のある生徒の独自性を念頭においたトランジション理念の拡大は，トランジション研究の一つの到達点であった。この時点で，障害者に向けて保障されるべきトランジションの独自性が，かなりの程度明らかにされたといえよう。

1990年代に入ると，障害のある生徒に限定されないが，キャリア発達研究

とトランジション研究が互いの知見を生かした形で，トランジションのあり方が模索され始めた。これにより，経済的観点よりも生徒の育ちにより焦点を当てた議論を展開することが可能となった。キャリア発達研究は，トランジション概念をライフ・スパン及びライフ・スペースの観点から拡大し，トランジションサービスを多様にするだけでなく，学校教育の目的を捉え直す契機を提供している。つまり，職業とのマッチングにとどまらない児童生徒たちへの心理的側面の援助を重視し，特定の職業的スキルにとどまらない，成人生活のなかで必要とされるスキル全般を身につけるためのカリキュラムの導入を図る。つまり，トランジションの多様な最終目標に向けて学校はどのような役割を担うのかを鮮明にしたのは，キャリア発達研究であったといえる。キャリア発達とトランジションは，相互を成り立たせるうえで欠かすことのできない関係にある。

国際機関であるOECD/CERIによる研究と，アメリカをはじめとする研究を総合すれば，障害のある生徒の個別性を重視し，トランジションの最終目標も可変的なものとして捉えること，そして，障害のある生徒の自己決定を尊重し，地域の関係機関と協同していくトランジションの過程を保障することこそ，「成人への権利」の実現となる。

一方で，アメリカのトランジション支援の動向には，キャリア教育の衰退や初期のトランジションモデルにおける就労重視の目標設定など，国家の関心の向け方を如実に表す法や施策の整備が大きく影響していた。障害者や彼らを支える人々の要求もさることながら，国家のニーズ，とくに経済状況を見越した教育的関心が深くかかわっていた。経済状況をふまえた国家の教育行政の方向性が大いに絡んでくる領域において，この理論的到達点がいかに理解及び具体化されるのかが問われるといえよう。


注
(1) 渡部昭夫（1997）障害を有する青年のトランジション保障と職業教育のあり方.

障害者問題研究, 25 (2), 13-27. を参照。
(2)　OECD/CERI（a）(1983) *The Education of the Handicapped Adolescent: the Transition from School to Working Life*. Author. Paris, 16-20.
(3)　OECD/CERI（b）(1986) *Young People with Handicaps: the Road to Adulthood*. Author, Paris, 15.
(4)　*Ibid.*, 7.
(5)　OECD / CERI（c）(1991) *Disabled Youth : From School to Work*. Author, Paris, 9. ここでは1991年の調査書『障害のある青年～学校から仕事へ（*Disabled Youth: from School to Work*)』による区分を採用しているが，1986年当時の見解とは相違ない。
(6)　OECD/CERI（b）*op. cit.*, 11.
(7)　前掲1を参照。
(8)　OECD /CERI（d）(1988) *Disabled Youth : the Right to Adult Status*. Author, Paris, 9.
(9)　*Ibid.*
(10)　*Ibid.*, 8.
(11)　*Ibid.,* 22-25.
(12)　OECD/CERI（c）*op. cit.*, 9.
(13)　OECD/CERI（b）*op. cit.*, 26.
(14)　*Ibid.*, 9-10.
(15)　OECE/CERI（d）*op. cit.,* 55-57.
(16)　OECD/CERI（c）*op. cit.*, 67-68.
(17)　*Ibid.*, 2-13.
(18)　外務省による訳は，http://www.mofa.go.jp/mofaj/gaiko/kiyaku/2b_004.html を参照（2014年5月17日アクセス）。
(19)　中野善達（1997）国際連合と障害者問題. エンパワメント研究所, 14-27.
(20)　たとえば，OECD（1999）*Inclusive Education at Work: Students with Disabilities in Mainstream Schools*. Author, Paris, 21. を参照。
(21)　「機会均等化基準規則」は国連のサイト http://www.un.org/esa/socdev/enable/dissre01.htm　そのうち教育については http://www.un.org/esa/socdev/enable/dissre04.htm　を参照（2014年5月17日アクセス）。
(22)　UNESCO（a）(1994) *The Salamanca Statement and Framework for Action on Special Needs Education: World Conference on Special Needs Education: Access and Quality*. Author, Paris. を参照。
(23)　通常学校システムがすべての障害者のニーズを満たすことができない場合は，特殊教育（special education）が認められる。その際には，通常教育と同等の質を

保持するとともに通常教育と密に連携し，段階的に統合された教育を推進していかねばならない。一方，盲・ろうの場合は，効率的なコミュニケーション・スキルを習得し最大限の自立（independence）を実現するために，特別な学習の場が必要とされた。同上を参照。

(24) UNESCO（a）*op. cit.*, 6-7.
(25) The Inter-Agency Commission（UNDO, UNESCO, UNICEF, WORLD BANK）for the World Conference on Education for All（1990）*Meeting Basic Leaning Needs : A Vision for the 1990s Background Document.* UNICEF House, New York, 153-164.
(26) たとえば，UNESCO（b）（2003）*Overcoming Exclusion through Inclusive Approaches in Education: a Challenge & a Vision.* Author, Paris. を参照。
(27) UNESCO（a），*op. cit.*, 34.
(28) 玉村公二彦（2004）制定に向けて動く，障害者権利条約．障害者権利条約資料集1, 全国障害者問題研究会, 5.
(29) 同上．
(30) Halpern, A. S.（1985）Transition: A Look at the Foundations. *Exceptional Children*, 51（6），470-486. に詳しい。
(31) 福地守作（1995）キャリア教育の理論と実践．玉川大学出版部, 188.
(32) Rusch, F. R. and Phelps, A. L.（1987）Secondary Special Education and Transition from School to Work: A National Priority. *Exceptional Children*, 53（6），488.
(33) *Ibid*.
(34) Hasazi, S. B., Gordon, L. R. and Roe, C. A.（1985）Factors Associated with the Employment Status of Handicapped Youth Exiting High School from 1979 to 1983. *Exceptional Children*, 51（6），456.
(35) Wehman, P., Kregel, J. and Bargus, M. J.（1985）From School to Work: A Vocational Transition Model for Handicapped Students. *Exceptional Children*, 52（1），25-37. に詳しい。
(36) Brolin, D. E. and Loyd, R. J.（2004）*Career Development and Transition Services; A Functional Life Skills approach.* 4th ed., Pearson Merrill Prentice Hall, Upper Saddle River, N. J., 23.
(37) *Ibid.*, p. 24.
(38) Hasazi, S. B., et al., *op. cit.*, 455-469.
(39) Wehman, P., et al., *op. cit.*, 25-37.
(40) *Ibid.*, 53.
(41) Stodden, R. A. and Boone, R.（1987）Assessing Transition Services for Handicapped Youth: A Cooperative Interagency Approach. *Exceptional Children*, 53

(6), 537-545. に詳しい。
(42) Mithaug, D. E., Martin, J. E. and Agran, M.（1987）Adaptability Instruction: The Goal of Transition Programming. *Exceptional Children*, 53（6）, 500-505. を参照。
(43) Szymanski, E. M.（1994）Transition: Life-Span and Life-Space Considerations for Empowerment. *Exceptional Children*, 60（5）, 402-410. を参照。
(44) Repetto, J. B. and Correa, V.（1996）Expanding Views on Transition. *Exceptional Children*, 62（6）, 551-563. を参照。
(45) Hasazi, S. B. et al., *op. cit.,* 50.
(46) Krumboltz, J. D. and Worthington, R. L.（1999）The School-to-Work Transition From a Learning Theory Perspective. *The Career Development Quarterly*, 47, 320.
(47) Lent, R. W., Hackett, G. and Brown, S. D.（1999）A Social Cognitive View of School-to-Work Transition. *The Career Development Quarterly*, 47, 304-307.

第 2 章
# オーストラリアの学校教育における障害のある生徒へのトランジション支援の萌芽

～1970年代から1980年代の連邦政府による取り組み

第 1 節
## 障害児教育の振興とトランジション支援

### 1 教育の機会均等化をめざして

　オーストラリアにおいて、障害のある生徒のトランジション支援の体系化につながる取り組みは、1970年代から始まる。とくに、教育省と社会保障省が関心を寄せてきた経緯があり、後に両者が連携する取り組みもみられるようになる。本章では、教育省がどのように障害のある生徒のトランジションを課題として認識していったのかを明らかにする。

　1900年制定のオーストラリア憲法では、「外交・国防・貿易・移民・通貨については」連邦議会の立法作業により、「州内の経済活動・警察・教育・開発事業・農業・保健などは州の権限に属する」ことになっている。各州ばらつきはあるが、19世紀後半から20世紀初頭には概ね義務教育の体系ができあがり、1950年代から60年代には、第二次世界大戦後のベビーブームや産業化にともなうホワイト・カラー層の台頭を受けて、初等教育在籍者増加への対応と中等教育の大衆化が課題とされた。義務教育の拡大による教員不足、学校そのものの不足や学校の施設設備の不備などが深刻化し、いわゆる「教育における危機の時代」を迎えたことで、当時の保守連立政権は公立か私立かを問わず学校教

育への助成（学校の施設設備や生徒への奨学金など）を公約とするようになるなど，少しずつ連邦政府も各州の義務教育に関与し始めた。<sup>(3)</sup>

1972年に誕生した労働党ホイットラム（Whitlam, G.）政権（1972-1975年）は，中等教育どころか初等教育の機会さえも十分に享受できていない層，それが多文化社会におけるマイノリティであり，障害のある児童生徒であるとした。機会均等を志向したホイットラム政権は，社会的不利益は教育上の不利益によってもたらされるのであり，教育によって地域の質は左右されると考えた。<sup>(4)</sup>従来から各州の自律性の陰で軽視されてきた彼らに対してより手厚い助成を行い，ソーシャル・モビリティのスタートラインに立てるようにすることこそ連邦政府の任務と捉えたのである。したがってホイットラム政権は，各州の管轄下にある義務教育にこれまでとは比較にならない積極的な姿勢で関与をしていった。これにより，障害のある児童生徒への教育保障においても，連邦政府が大きく貢献していくこととなった。

ホイットラム政権が誕生するとすぐに，のちの連邦学校審議会（Commonwealth Schools Commission）の暫定委員会（the Interim Committee for the Australian Schools Commission）が立ち上がった。これは，政府に対して経済的並びに政治的観点からではなく，支援ニーズ（the immediate financial needs of schools）にもとづいた学校への資金提供の在り方について提言することを使命とした独立組織である。各州や私立学校の代表者らから意見を聞きつつ広く教育状況を把握し，教育予算のあり方に関して連邦政府の教育大臣に提言することが主な任務であったが，既存の学校の拡充はもちろんのこと，新しいタイプの学校設立やカリキュラムの多様化なども含め，当暫定委員会が審議の対象とする内容は多岐にわたった。<sup>(5)</sup>

そして翌1973年に出されたのが，『オーストラリアの学校（*Schools in Australia: Report of the Interim Committee for the Australian Schools Commission*）』，委員長名をとった，いわゆるカーメル報告（Karmel Report）である。ここでは，以下が基本姿勢として説明されている。

① 子どもたちの教育環境における平等の追求
② 現代の民主的社会及び産業社会において最低限必要とされる到達度
③ 人生の一部として，また，人生に対する準備の場としての学校観
④ 初等中等教育は生涯の土台となる経験を構築するという教育観
⑤ 学校組織，カリキュラム，教授方法における学校間の多様性の尊重
⑥ 教員，子ども，保護者，地域社会といった学校関係者に関する意思決定の権限移譲
⑦ すべての教育段階における革新の促進
⑧ 学校にまつわる事柄に対する地域の関与

　カーメル報告を貫く原理は，平等（equality），多様性（diversity），権限委譲（devolution）としてまとめることができる(6)。不利な状況にある子どもたちを中心に，子どもたちの多様性を受けとめる教育環境を国をあげて整備することで，教育における実質的な平等を確保し，教育実践の高まりはもちろんのこと，子どもや保護者といった当事者が自ら責任をもち教育をコントロールする主体となっていくためのエンパワメントを，さらには，地域の活性化をめざした。まず現状認識として，ほとんどの学校で人的・物的資源が不足しており，資源の配分においても学校間格差が生じていることが指摘された(7)。とくに，社会経済的に不利な子どもたちが多く通う学校や，障害児教育に取り組む学校，さらに教員の資質向上に対して，助成の必要性が認識された。さらに，学校のハード面の整備に留まらず，障害の早期発見と就学前からの早期介入の導入，そして専門性を身につけた教員を十分に確保することが急務とされた。また教員養成について，障害児教育の実習に出ることや，少なくとも各州で一つは大学での障害児教育を学ぶコースを設立すべきとされた(8)。
　そこで，各学校の支援ニーズを8段階で把握し，一般経常予算としての人件費や一般建築予算を主たる柱としつつ，「図書室関連予算」，「社会経済的に不利な子どもたちが多く通う学校への予算」，「障害児教育予算」，「教員の資質向

上関連予算」，さらに，独自のカリキュラムの開発や学校が地域ぐるみで展開させる活動の支援を目的とした「特別プロジェクト予算」を設定することが提言された。さらにこれらの予算は3年間を1単位としており，各学校がそれぞれのペースで成果を上げることができるよう配慮されていた。カーメル報告は，各州の自律性を脅かすのではなく，各学校のボトム・アップを期待していたことがわかる。

　障害児教育に関してカーメル報告は，障害児学級や障害児学校に中心的に資金を振り分けつつ，障害のある児童生徒が学ぶための環境整備に着手することを提案した。そして，その提案はほぼ実現されるに至った。1974年から1975年の障害児教育にまつわる予算は，主として障害児学級や障害児学校における設備購入と教員の増員，さらに，障害児教育コンサルタントの配置，教育相談員の増員，教員補助の増員に費やされた[9]。

　オイル・ショックの影響を受け国内経済は一気に悪化し，教育や福祉予算を高い割合で維持した予算案は通過せず，ホイットラム政権は国内経済の不安定を助長したとして1975年に幕切れを迎える。その後誕生した保守のフレーザー（Fraser, M.）政権（1975-1983年）は，切迫した経済状況を受けて，トップダウンの姿勢を強化して教育行政に臨んだ。しかしながら，障害児教育予算の枠そのものは継続されたのであり，ホイットラム政権下でスタートした義務教育の基本的整備を土台としつつ，優先課題を改めて定めていくこととなった。連邦学校審議会の在り方も含め，教育行政は変質していくが，障害児教育振興の土台はこの3年間で築かれたといえる。

## 2　二つの優先課題〜インテグレーションとトランジション

　障害のある児童生徒のニーズがあまりに多様であることは，カーメル報告においてすでに認識されていた。そこで，実際に教育現場にはいかなるニーズがあり，各州はどのような取り組みでもってそれらに応えようとしているのかを明らかにし，今後の施策における優先課題を見定めることを目的に，1978年，連邦学

校審議会は全国調査をクィーンズランド大学（the University of Queensland）のショネル教育研究センター（Fred and Eleanor Schonell Educational Research Centre）に委嘱した。当センターは，同国の障害児教育に関する調査研究を数多く実施してきた草分け的存在である。その調査報告書として1979年に発表された『オーストラリアにおける特殊教育調査～障害と学習困難のある子どもの教育の場，ニーズ，そして優先課題（*A Survey of Special Education in Australia: provisions, needs and priorities in the education of children with handicaps and learning difficulties*）』は，同国の障害児教育施策の方向性をかなりの程度規定したものとして重要である。

この全国調査は，公立か私立かを問わずすべての小・中学校と障害児学校を対象とし，障害のある児童生徒の数，障害の種類，通常学校における学習困難や行動障害の子どもたちの存在を確認した。そして，障害並びに学習困難のある子どもたちへの教育保障の在り方（哲学，法律，行政の観点から）をふまえ，障害児教育のサービスとニーズのギャップを把握し，今後の発展に向けた提言を行った。(10)

まず，ここでは各州の実態をふまえ，以下を同国の障害児教育を貫く価値として抽出している。(11)

① すべての子どものための教育（Education for all）
② 発達段階に応じた教育
③ 障害のある児童生徒への最適な教育
④ 教育のプロセスを保護者と共有すること
⑤ 教育のプロセスを他の専門家と共有すること
⑥ 社会参加，仕事，余暇のための教育
⑦ 学校による説明責任

また，障害を視覚障害，聴覚障害，肢体不自由，軽度の知的障害（IQ55-80），中度／重度の知的障害（IQ55以下）と区分したうえで，障害児学級を含めて通常学校に在籍する障害のある児童生徒の割合が試算された。結果，およ

そ通常学校在籍者の2％に上記の障害があることがわかった。ここでは種々の学習困難（learning difficulties）や行動上の問題がある子どもは対象外のため，通常学校に特別なニーズのある子どもはさらにいるであろうことも述べられている。また，オーストラリア全土で，「制約が最小限（at least restrictive）」の環境での教育保障が試みられているとし，障害のある児童生徒や教員に対してさらなる専門的なサポートが必要であることを指摘した。加えて，この調査に協力した校長の半数以上が，障害のある児童生徒が通常学校で学ぶことについて好意的であることが明らかにされている。インテグレーションが実態としても進んでいるということであり，それへの対応が必要であることを認めたのである。1970年代半ば以降，国際動向も受けつつ，連邦学校審議会は義務教育の基本的整備の在り方の一つとしてインテグレーションの推進を提言するようになったが，この全国調査はその動きを後押ししたといえる。

インテグレーションに加え，この報告書ではトランジション支援も優先課題の一つとして位置づけられている。インテグレーションと同じく，連邦政府の動きを待たずして，トランジション支援も各州がそれぞれに取り組みを開始しており，とりわけ学校での職業体験（work experience）の導入が盛んであった。そのような実態を受けて，ここでは一生涯（Life-long）といった長いスパンで職業並びに余暇活動への準備の意義を捉え，それらを学校の任務の一つとして掲げた。そして，通常学校も障害児学校も職業体験を円滑に実施できるような法整備を行うことや，継続教育（Further Education）機関は「障害者支援法（Handicapped Persons Assistance Act）」（1974）における関係機関（詳細は第4章）と連携しつつ支援を行っていくべきことを明記した。

このような見解は連邦学校審議会によっても共有され，翌年の連邦学校審議会による報告書（第3節を参照）では，職業体験だけでなく，キャリア教育やキャリアカウンセリングの実践，余暇活動につながる取り組みなども，先の「特別プロジェクト予算」の枠組みのなかで，トランジション支援にかかわって実施されてきたことが述べられている。

国際的にも，ノーマライゼーションの実現において，インテグレーションとトランジション支援はいずれも重要な取り組みとして理解されてきたが，オーストラリアでは，教育の機会均等化をめざして全国の実態を把握するなかで，これらが同時期に政策上の課題として浮上したことがわかる。

## 第2節
## 就労へのトランジションに向けた取り組みの開始

### 1　教育分野におけるトランジションへの注目

　国内経済の悪化を受けて，教育や福祉には多額の予算を割いたことがホイットラム政権の退陣の契機となったことはすでに述べた。ホイットラム政権後のフレーザー政権は，まさに経済の立て直しとそれに向けた教育の在り方の再検討に着手した。オーストラリアの障害児教育振興にあたり，その基本的整備からインテグレーションの推進，トランジション支援に至るまで，連邦学校審議会の果たした役割は大きかったが，多額の教育予算を提言してきた当審議会は発言権が縮小され，厳しい立場に追いやられていくことになる。連邦学校審議会による影響力の縮小は同国の教育行政の質的変化を如実に示しており，1980年代における経済合理主義（economic rationalism）の本格導入を準備した。そして，若者のトランジション一般と中等教育改革の課題が結実して学校役割が問われることとなり，そこでの議論は障害児教育の在り方に対しても小さくない影響を与えることとなった。

　フレーザー政権は，トップダウンの姿勢を強化して教育行政に臨んだ[18]。そして，連邦学校審議会とは別に「教育と訓練における調査委員会（Committee of Inquiry into Education and Training）」を発足させた。この委員会による1979年の報告書『教育，訓練そして就労（*Education, Training and Employment: Report of the Committee of Inquiry into Education and Training*）』，いわゆるウィリアムズ報告（Williams Report）は，学校教育から就労へのトランジションをいかに円滑なものと

するかを課題意識としてもち，初等中等教育からその後の高等教育並びに継続教育と，教育全体に対して幅広く提言を行った。

　学校教育については，中途退学者の失業率が高いことを受け，雇用主側から寄せられる批判として，彼らのリテラシー・ニューメラシーの低さや，彼らの仕事への非現実的な理想を改善することができていないといったことが紹介されている。加えて，学校は実際の経済活動や地域生活といったことから距離があり，結果，生徒たちは現代社会に対応できていないといった指摘もなされた。ウィリアムズ報告では，とりわけ高等教育進学をめざさない生徒たちが「満足のいく」教育を受けられずに社会に出ていくことを受けて，中等教育が生徒の多様性に応えられるようにするためには，就労へのトランジション支援を学校の任務の一つとして積極的に捉えていくこと，そのためには，職業体験を拡充すること，学校と技術・継続教育機関（Technical and Further Education；以下，TAFE)[19]の連携を強化すること，進学以外のニーズを引き受けるカリキュラムやコースを多様化させることなどが提案された[20]。1960年代後半からの12年生在籍率の推移は，図2-1の通りである。

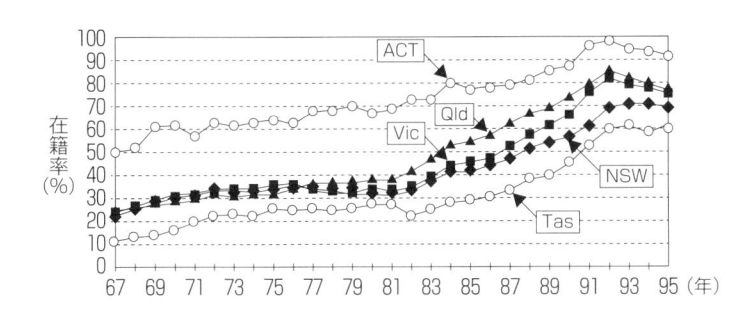

図2-1　12年生の在籍率の推移（1967〜1995年）

注：「ACT」は首都直轄区，「Qld」はクィーンズランド州，「Vic」はヴィクトリア州，「NSW」はニューサウスウェールズ州，「Tas」はタスマニア州。
出典：McGray, B.（1996）*Their Future: Options for Reform of the Higher School Certificate.* Department of Training and Education Co-ordination NSW, Sydney, 9. より作成。

翌年から開始された「学校から仕事へのトランジションプログラム（Commonwealth School to Work Transition Program）」は，ウィリアムズ報告の一つの実現でもある。各州で組まれてきた，社会的マイノリティなど中途退学の危険性が高いいわゆるアト・リスク（at risk）の生徒に対応したプログラムもここにかかわらせるなどしながら，中途退学者へのハンドブックの作成，11，12年生向けのコースの多様化，7～12年生のコースの統合，TAFEなどとの連携コースの設置，職業体験コーディネーターや進路指導担当者（career advisor）の配置，カリキュラムにかかわる教材・教具の開発などが実施された[21]。ウェルチ（Welch, A.）は「学校から仕事へのトランジションプログラム」について，失業という状態を社会経済の失敗ではなく，結局は生徒個々の問題として捉えていることを批判している[22]。

　国内外の経済状況や産業構造の転換により，社会的要請として後期中等教育の在り方の見直しが迫られるようになり，当時全国平均30％程度であった後期中等教育在籍率をいかに引き上げるか，高等教育進学だけを目的としない後期中等教育の模索が本格的に開始されたといえる。それは，トランジション支援に向けた策と直結した。

## 2　教育と職業の関係をめぐって

　「教育と訓練における調査委員会」設置を受けて，連邦学校審議会は1977年に『学校と仕事（School and Work: a discussion Paper）』というディスカッションペーパーを出している。連邦学校審議会は，生徒の就労を巡って学校に寄せられる批判に対して，学校には独自の役割があるとして，いくつかの論点を提示した。

　そもそも連邦学校審議会は，中途退学者に職を拓くための職業訓練は，学校の役割ではなく，雇用主やTAFEの役割と考えていた。若者の失業は，仕事の数や給与，労働環境に原因があり，学校の責任ではない。そのような意味で，学校は若者の失業率を下げる役割を担うことはできないという主張を展開

した<sup>(23)</sup>。

　まず学校には，親からの要望に応えること，子どもの社会構成員としての発達を促進すること，社会の教育レベルを向上させること，以上三つの期待が主として寄せられているとした。とはいえ，親からの要望もさることながら，子ども個々のニーズは多様であり，また学校外の職業世界をみても，変化の速い社会で必要な知識や技能を特定することは難しい実態があると述べている。したがって，学校にこそ求められるのは，特定の価値観を教え込むのではなく，子どもが自らの価値観を形成し，社会問題等に生かすための基礎を培うことであり，学校はそのような取り組みをもって，間接的に職業や経済に貢献しえる存在として子どもたちを育てることができるとした[24]。

　職業教育訓練に関しては，職業的スキルの獲得にやみくもに走るのではなく，職業世界とはいかなるものかといった学習が重要であり，それこそ学校教育の役割であるとして，一般教育（general education）の一環として位置づけられること，また，職業教育の開始としてふさわしい内容でもあることを述べている。職業に直接的にかかわらせて学校ができることを強いてあげれば，それは倫理的側面（moral support）や精神的側面への対応（ストレスへの対応等）であるとした[25]。一般教育については，その内容の詳細もさることながら，カリキュラムを経験的なものにするなど，思春期・青年期の子どもに適した形を検討する必要があるとしながらも，一般教育に責任をもつことこそが，生徒たちの卒業後に責任をもつことであるという立場を崩さなかった[26]。あくまでも一般教育の範疇において，学校教育と仕事とのつながり方を柔軟性のあるものとして構想する必要を述べ，そのための多様な策の一つがトランジション支援に関するプログラム（具体的には，そこで展開される多様な学校教育）であるとした[27]。

　このように，「教育と訓練における調査委員会」と連邦学校審議会の見解は，とくに学校役割を巡って距離があった。互いにトランジションにかかわる支援の必要性は認めつつも，その位置づけ方や方向性は全く異なっていたといえる。したがって連邦学校審議会は，ウィリアムズ報告の一つの実現である「学校か

ら仕事へのトランジションプログラム」について，生徒個々の特性や能力に注目して序列化が促されることを危惧し，生徒の多様性に応えながら，各々が最大限に能力を発達させられるようなプログラムの展開を求めていた。[28]

　1983年，労働党ホーク（Hawke, B.）政権（1983-1990年）が誕生すると，上記，連邦学校審議会の見解を受けて，これまでの「学校から仕事へのトランジションプログラム」に代わり，「参加と公正プログラム（Participation and Equity Program；以下，PEPプログラム）」が開始された。ウィリアムズ報告を根拠とした「学校から仕事へのトランジションプログラム」は，中等教育を中途退学した者や，中途退学の可能性のある者に焦点を当てていたが，PEPプログラムではそのような対象の縛りをなくし，十分な中等教育，もしくはそれと同等のものをすべての若者に提供すべく，成果における公正性（equity of outcomes）を追求しようとした。[29] つまり，先住民や女性など失業率がとりわけ高い傾向にあるマイノリティへの支援に重きを置きながらも，すべての生徒が十分な中等教育もしくはそれと同等の教育（TAFEなども含む）を受けられるようにすることをめざし，学校と職業訓練の連携を図りつつ，個々の能力を開花させる機会を平等にしていくための予算措置である。[30]

　PEPプログラムは，学校教育が一般教育を犠牲にせず，広く職業世界で求められる要件を教育においても意識していけるよう，学校カリキュラムやその評価にかかわる改革，教員・生徒・保護者の関係を豊かにするための改革，教員を支援するための取り組み，学校の組織体制の変革，学校卒業後のオプションとの連携などを柱とした。[31] したがって，従来の単なる職業体験にとどまらない活動の模索，たとえば各教科における生徒たちの到達度を上げるためのプログラム開発なども行われ，教科の知識とコミュニケーションなどを含めたスキルが実際の職業においていかに結合するのかを明確にすることなどが求められた。[32] またPEPプログラムは，個々の学校の取り組みだけでなく，複数の学校をまとめた取り組みも可能としたり，TAFEでも実施されるなど広がりをもった。

しかし，PEP プログラムの取り組みはあまりに多様であったために，学校をはじめとする実践現場の取り組みを多様な形で励まし，後期中等教育在籍率の上昇に貢献はしたが，その成果はいかようにも解釈できるものであり，換言すればそれだけ成果が曖昧なものでもあった。ウィルソン，ウィン，リーダーズそしてウーク（Wilson, B., Wyn, J., Reeders, E. and Woock, R.）は，PEP プログラムの焦点をより明確にすべきことや義務教育後の教育のあり方に関するモデルを構築及び発展させていくべきことを指摘している[33]。またウェルチは，PEP プログラムも「学校から仕事へのトランジションプログラム」と同じく，失業の危険性を，結局は生徒個々の問題として捉えていることから脱せていないとした[34]。

## 第 3 節
## 障害のある生徒のトランジションへの注目

### 1　連邦政府のトランジション支援における障害のある生徒の位置づけ

　時期が前後するが，アシュマンとエルキンス（Ashman, A. and Elkins, J.）によれば，オーストラリアの学校における障害のある生徒に対するトランジション支援の導入過程は，第 1 章でみたアメリカの流れに大筋は類似しており[35]，施策に先駆けて，1960 年代に学校教育に職業体験が導入されたことを萌芽としている。中等教育の大衆化が始まった一方で，学業の失敗や教育の継続意欲がないことを理由に，義務教育修了後，TAFE に入学するか，そのまま未熟練労働に就くという生徒たちが少なくなく，そのなかには障害のある生徒も含まれていた。このような生徒たちの進路を保障するため，1960 年代後半にはほとんどの州が義務教育に職業教育訓練を組み入れるようになったという。たとえば，当時のニューサウスウェールズ州教育省（New South Wales Department of Education；以下，NSW 教育省）は，中等教育段階の職業教育訓練の目的を，自分の適性を知るため，仕事に必要な知識を得るため，生徒たちが受け身の姿勢から

脱するため，そして，職業的スキルの習得というよりはむしろ，実際の職業体験からよりよい進路（career）決定の能力を養うためとした。しかし数値的にみると，中等教育段階の職業教育訓練は若者の失業問題の解決に結びついていなかったことから，NSW教育省は職業教育訓練の対象として，失業状態に陥りやすいと思われる生徒たちの絞り込みを図った。その結果，中途退学のおそれがある生徒，障害児学校や障害児学級に在籍する軽度・中度の知的障害，肢体不自由，視覚障害，聴覚障害の生徒に対して重点的に職業体験を実施することとした。つまり，トランジションが困難な若者のなかでも，一層困難を極めている層として，障害のある生徒が浮かび上がったのである。

　このような各州の取り組みに加え，1970年代になると，障害のある生徒の学校教育修了後について，関連文書のなかでも少しずつ言及されるようになる。たとえば，技術・継続教育の在り方を探った1974年の「技術・継続教育に関するオーストラリア委員会（Australian Committee on Technical and Further Education）」による報告書『オーストラリアのTAFE～技術・継続教育におけるニーズに関する報告書（*TAFE in Australia: report on needs in technical and further education*）』，いわゆるカンガン報告（Kangan Report）では，TAFEで学ぶ障害者がほとんどいないことを指摘し，建物のバリアフリー化や，個々のニーズに合わせた技術・継続教育システムの在り方を検討する必要を認識している[36]。また1976年，「特定の学習困難に関する下院特別委員会（the House of Representatives Select Committee on Specific Learning Difficulties）」は，中途退学者の約15％は，障害の診断はついていないが，義務教育の最終段階において特別な支援を必要としていることを報告した[37]。

　前節で述べたように，連邦政府レベルでは1980年代に入ると，広く義務教育以降の学校教育が職業とどのようなかかわりをもつべきかが議論され，「学校から仕事へのトランジションプログラム」やPEPプログラムが立案・実施されてきた。そこでは主として，中等学校を中途退学する可能性のある生徒や，より広く社会的マイノリティとして括られる生徒が念頭に置かれており，障害

のある生徒も大いにかかわる対象規定となっていた。しかし実際には，各州，各学校での職業体験の取り組みなどの蓄積や，各種の報告における障害のある生徒についての言及は十分反映されることはなく，障害のある生徒の捉え方は不明確なものとなっていた。

たとえばウィリアムズ報告では，高等教育進学をめざさない生徒たちのなかにはリテラシー・ニューメラシーの指導において治療的な取り組み（remedial teaching）を要する者が少なくないとし，教授方法の改善や，イギリスのウォーノック報告（Warnock Report）を参考にしたインテグレーションの推進が提言されている。[38]さらに，中等教育段階からのTAFEとの連携，1974年「障害者支援法」による「職業準備センター」の拡張と連携の必要性（第4章参照）についても述べられている。[39]しかし，本報告が主眼としている学校からその後の就労へのトランジションに直接かかわる提言は見当たらない。障害児教育は各州の管轄下にあるという事情に加え，それまで全国的な調査がなされてこなかったこと（1979年の全国調査実施前）もあり，まずは実態把握が課題とされるにとどまっている。

また，ウィリアムズ報告を批判し，PEPプログラムを支えた連邦学校審議会の見解も，障害のある生徒に限ったところでみると，やはり不十分なものであった。連邦学校審議会は，PEPプログラムにかかわる議論を盛んに行っていたのと同時期の1980年に，障害青年の成人社会に向けた準備のあり方についての報告書『障害のある青年への教育訓練と成人社会へのトランジション〜オーストラリアにおける政策と実践（*The Education and Training of Handicapped Adolescents and their Transition to Adult Society: Policies and Practices in Australia*）』を出している。ここでは，学校が関係機関とつながりながら，就労にとどまらない成人期を豊かにするための広範な取り組みが必要と指摘されてはいる。そして，学校教育と仕事の関係性をより近いものとする際，実践的な情報やスキルをただ生徒に獲得させるだけでなく，生徒がそれらをいかに理解しているのかを大切にしなければならないと述べられている。[40]とはいえ，障害のある生徒の青年期を

豊かにするための教育内容とはいかなるものであり，どのような方法が考えられるのか，障害のある生徒にとっての一般教育とは何かに関しては不明確なままであった。

## 2　障害のある生徒のトランジションに向けた課題の精緻化

1979年，第1節で述べた全国調査を委嘱されたクィーンズランド大学のショネル教育研究センターにおいて，障害のある生徒の「学校から仕事へ（from school to work）」のトランジションをテーマにしたセミナーが開催された。ここでは，オーストラリア全体で，障害のある生徒の学校から就労へのトランジションが成功していないことが示された。そして先の全国調査にもかかわったアンドリュース（Andrews, R. J.）は，障害の有無に関わらず若者の失業率の高さや未熟練労働の減少は，学業到達度の低い者にとくにインパクトが強いことを指摘した。そして当時，おおよそ16歳までには修了する義務教育から就労へのトランジションには，基礎教育（basic education）の強化や特定の職業訓練，職業紹介，就職後の追跡調査といったプログラムの強化が必要と結論づけた[41]。図2-2は，アンドリュース によって作成された，学校から仕事への柔軟性のあるトランジション支援の在り方を示したモデルである。

翌1980年には連邦学校審議会が，障害のある青年の成人社会に向けた準備のあり方についての報告書『障害のある青年への教育訓練と成人社会へのトランジション～オーストラリアにおける政策と実践』を出したことは既述のとおりである。ここでは，学校からその後の生活へのトランジション支援の在り方として，就労に加え，成人期を豊かにする観点からの広範な取り組みが必要と指摘されている。具体的には，保護者や専門家などから構成される人的ネットワーク，学校や地域，高等教育機関，各州政府，学校教育修了後の職業訓練・継続教育等の関係機関ネットワークの確立などである[42]。

このように，障害のある生徒のトランジション支援についての必要性が広く認識されるに当たり，障害児学校がその先駆けであった職業体験や学校教育修

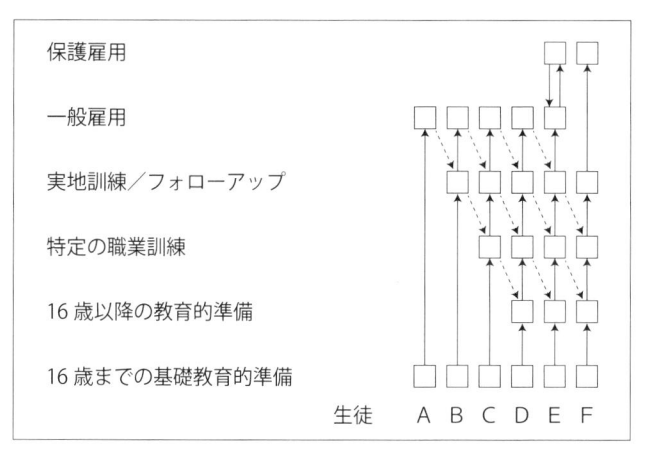

図2-2　障害のある青年の教育から就労への経過モデル

出典：Drummond, N. W.（1978）*Special Education in Australia ; with special reference to developments in the education of the handicapped in the decade of rehabilitation 1970-1980*. Royal Far West Children's Health Scheme, Manly, NSW, 91. より筆者が訳して作成。

了後のオプション拡大のための努力は，通常学校においてもなされるようになった。しかし，通常学校における専門家や職業指導（vocational guidance）などの不足は顕著で，この点，通常学校は障害児学校に比べて不利な立場にあり続けたという。[43]

さらに1982年，障害のある青年の失業対策の一環としてOECD/CERIが各加盟国のトランジション状況に関する研究調査に乗り出したことから，オーストラリアでもトランジション実行委員会（National Steering Committee）が設置された。ここでも前述のアンドリュースが中心的な役割を担い，1987年まで機能した当委員会は，オーストラリアの課題として以下を指摘した。[44]

① 障害児教育とTAFE，その他の機関の連携の必要性
② トランジションの見本例を含めた情報の欠如
③ 学校での経験がもつトランジションへの有効性について研究する必要性

④ 学校における障害のある生徒の個別計画が卒業後にも生かされる必要性
⑤ 地域が障害者に対して過保護な傾向にあること
⑥ 通常学校における中度の障害のある生徒向けのプログラム及び設備の欠如
⑦ 分離型学校・設備の多用
⑧ トランジションに携わるスタッフの訓練不足
⑨ トランジションのためのカリキュラムの発展とそのためのリソースを支援する必要性
⑩ PEPプログラムにおける障害のある青年に関する明確な記述の欠如

　以上，①④では学校と他機関連携の必要性が，②③ではトランジションに関する情報の不足が，⑤⑥⑦では学校教育でも地域生活でもできるだけ障害のない者との統合を促そうとする視点の重要性が，そして⑧⑨ではトランジション実践のリソースの問題が指摘されている。⑩については，前節を参照されたい。当委員会はこれらの点に加えて，学校と学校教育修了後に生徒が選択することになる就労その他のオプションとの連携が必要としている。そして，OECD/CERIによる研究では中等教育最終学年がとくに着目されているが，それ以前の教育段階の在り方にも関心が向けられるべきであるとした。当委員会は，ニューサウスウェールズ州におけるパイロットプログラムの実施を準備した（第5章参照）。パイロットプログラム実施にあたっては，ハルパーンのトランジションモデルを参考にしたモデル作成も行われた。
　図2-2のアンドリュースによる就労に向けた支援に関するモデルは，オーストラリアにおいても，障害のある生徒のトランジション支援は就労支援とほぼイコールで捉えられてきたことを表している。連邦学校審議会やトランジション実行委員会が描いたような，就労だけにとらわれない幅広いトランジション支援がどの程度可能であったかは各州の取り組みをみていくほかないが，このような動きは，当時のトランジション理論の到達点をふまえ，同国としてのシ

表2-1　1970年代から1980年代初頭のトランジション関連動向

| | トランジション一般にかかわる動き | 障害児教育に特化した動き | 政権 |
|---|---|---|---|
| 1973年 | 連邦学校審議会　発足　～1987年 | | ホイットラム労働党政権 |
| | 『オーストラリアの学校』（カーメル報告） | | |
| 1974年 | 『オーストラリアのTAFE～技術・継続教育におけるニーズに関する報告書』（カンガン報告） | | |
| 1977年 | 教育と訓練における調査委員会発足 | | フレーザー保守連立政権 |
| | 『学校と仕事』（連邦学校審議会ディスカッションペーパー） | | |
| 1979年 | 『教育，訓練そして就労』（ウィリアムズ報告） | 『オーストラリアにおける特殊教育調査』（ショネル教育研究センター） | |
| | | 「学校から仕事へ」トランジションセミナー　開催（ショネル教育研究センター） | |
| 1980年 | 「学校から仕事へのトランジションプログラム」開始　～1983年 | 『障害のある青年と彼らの成人生活へのトランジションに向けた教育と訓練～オーストラリアにおける政策と実践』（連邦学校審議会） | |
| 1982年 | | トランジション実行委員会発足　～1987年 | |
| 1983年 | 「参加と公正プログラム（PEPプログラム）」開始　～1987年 | | ホーク労働党政権 |

出典：Drummond, N. W.（1978）*Special Education in Australia ; with special reference to developments in the education of the handicapped in the decade of rehabilitation 1970-1980*. Royal Far West Children's Health Scheme, Manly, NSW, 91. も参考に筆者が訳して作成。

ステムづくりに乗り出す契機を与えた。

本章で取り上げた関連施策は，表2-1にて整理したので参照されたい。

## 小括

オーストラリアにおいて，1970年代の教育の機会均等をスローガンとした障害児教育振興策は，どの州においても，障害のある子どもの教育条件を通常

教育と同等のものとして保障すべく機能した。そのなかで，各地の学校で実態としてすでにあったインテグレーションや職業体験をはじめとするトランジション支援の取り組みは，国際動向の影響を受けつつ，連邦政府レベルの障害児教育施策において優先課題として位置づけられた。

しかし，障害のある生徒のトランジション支援は，後期中等教育段階の生徒一般のトランジションの困難への対応の一環として扱われてきた。「学校から仕事へのトランジションプログラム」及び PEP プログラムでは，障害のある生徒も対象にされながらも，障害があるからこそのニーズは十分に把握されず，具体的な支援方法も特段検討されることはなかった。

このような状況を打開するうえで，1980年代以降の OECD/CERI による調査研究を受けて発足したトランジション実行委員会が果たした役割は大きかった。就労に焦点を当てながらも，障害のある生徒のトランジション支援における課題が広く把握され，トランジションモデルが作成されるなど，トランジション支援の実践のあり方が具体的に模索された。

とはいえこの時期，障害のある生徒のトランジション支援にかかわる学校役割については，十分に深められることはなかった。ホイットラム政権下で誕生した連邦学校審議会と，フレーザー政権によって設置された「教育と訓練における調査委員会」では，就労に直接的にかかわる内容を学校教育として解するか否かでとくに大きな隔たりがあった。しかし，学校教育が職業教育訓練に過度に傾斜することを危惧し，一般教育の必要性を主張した連邦学校審議会においても，一般教育の具体的な中身は曖昧であり，障害のある生徒に対してはさらに不明瞭なものであった。

**注**

(1) 竹田いさみ・森健編（1998）オーストラリア入門．東京大学出版会, 148.
(2) Dudley, J. and Vidovich, L.（1995）*The Politics of Education: Commonwealth Schools Policy 1973-1995*. Australian Council for Educational Research Ltd, Melbourne, 57.

(3) *Ibid.*, 326-327.
(4) *Ibid.*, 62.
(5) *Ibid.*, 66.
(6) *Ibid.*, 66-67.
(7) Interim Committee for the Australian Schools Commission (1973) *Schools in Australia: Report of the Interim Committee for the Australian Schools Commission*. Australian Government Publishing Service, Canberra, 2.
(8) *Ibid.*
(9) Drummond, N. W. (1978) *Special Education in Australia: with special reference to developments in the education of the handicapped in the decade of rehabilitation 1970-1980*. Royal Far West Children's Health Scheme, Manly, NSW, 18.
(10) Andrews, R. J., Elkins, J., Berry, P. B. and Burge, J. A. (1979) *A Survey of Special Education in Australia: Provisions, Needs and Priorities in the Education of Children with Handicaps and Learning Difficulties*. Fred and Eleanor Schonell Education Research Centre, Canberra, 6.
(11) *Ibid.*, 5.
(12) *Ibid.*, 107-111.
(13) *Ibid.*, 124.
(14) *Ibid.*, 119.
(15) 1972年には，リハビリテーション・インターナショナル（Rehabilitation International；以下，RI）第11回世界会議（Rehabilitation International Eleven World Congress）がシドニーで，また，メルボルンでは第5回障害児教育国際セミナー（The Fifth International Seminar on Special Education）が開催された。RIのメンバーと特殊教育セミナー参加者らが共同で策定した「障害児教育の未来に向けたガイドライン（Guidelines for the Future in Special Education（Rehabilitation International 1972)）」は，インテグレーションの推進を主張したものであり，同国の教育施策に大きな影響を与えたという。Drummond, N. W., *op. cit.*, 14-15.
(16) Andrews, R. J. et al., *op. cit.*, 257-258.
(17) Commonwealth Schools Commission (a) (1980) *the Education and Training of Handicapped Adolescents and their Transition to Adult Society: Policies and Practices in Australia*. Author, Canberra, 9-30.
(18) たとえば，予算執行をより厳密なものとするため，1年目の予算執行状況を見つつ，その先2年間の予算を組むという方法を採用した。各学校のニーズも従来は8区分で把握されていたのが，1976年には6区分，1981年には3区分となった。また，特定の学校が対象となるような特別プロジェクトなどをはじめとする予算

を中心に額がカットされ，予算を複数の枠から享受することも回避されるようになった。ダッドリーとヴィドヴィッチによれば，ニーズ（Need）は付加的な予算を要するという分類を意味するにすぎなくなったという。これについては，Dudley, J. et al., *op. cit.,* 73.
(19) TAFE はオーストラリアの教育制度が日本に紹介される際に，決まって一つの特色とされる技術・継続教育機関である。職業教育訓練の主要な提供機関であり，対象は中等教育退学者から熟練労働者までと幅広い。各州教育省の下で運営されており，実際の教育内容，レベル，就学期間は多様である。マーク・テナント編著，中西直和訳（1995）オーストラリアの生活文化と生涯教育—多文化社会の光と影．松籟社，54-62．並びに，出相泰裕（2001）第 2 章第 6 節　多様な資格を取得できる継続教育．石附実・笹森健編，オーストラリア・ニュージーランドの教育．東信堂，101-113．を参照。
(20) Committee of Inquiry into Education and Training（1979）*Education, Training and Employment: Report of the Committee of Inquiry into Education and Training*. vol. 1, Australian Government Publishing Service, Canberra, 132-133.
(21) Commonwealth Schools Commission（b）（1980）*Schooling for 15 and 16 Year-Olds*. Author , Canberra, 45-46.
(22) Welch, A.（1996）*Australian Education: Reform or Crisis?*. Allen & Unwin, Crows Nest, NSW, 67-68.
(23) Commonwealth Schools Commission（c）（1977）*School and Work: a discussion Paper*. Author, Canberra, 14-19.
(24) *Ibid.*, 2-11.
(25) *Ibid.*, 14-19.
(26) *Ibid.*, 20-21.
(27) *Ibid.*, 37.
(28) Commonwealth Schools Commission（b）, *op. cit.*, 37.
(29) Costello, R.（1985）*The Participation and Equity Program: Consultant's Report to the Commonwealth Schools Commission*. Canberra Publishing and Printing Co., Fyshwick, ACT, 5.
(30) *Ibid.*, 3.
(31) *Ibid.*, 6
(32) Wilson, B., Wyn, J., Reeders, E. and Woock, R.（1987）*Education, Work and Youth Policy: PEP Discussion Paper No.1 prepared for the Commonwealth Schools Commission*. Commonwealth Schools Commission, Canberra, 34-39. に詳しい。
(33) *Ibid.*, 7.

(34) Welch, A., *op cit.*, 67-68.
(35) Ashman, A. and Elkins, J.（1998）Post-School Options for People with a Disability or Impairment. In Adrian Ashman and John Elkins（Eds.）*Educating Children with Special Needs.* 3rd ed., Prentice Hall, Upper Saddle River, N. J, 103-125. に詳しい。
(36) Committee of Inquiry into Education and Training, *op. cit.*, 504-505.
(37) *Ibid.*, 503.
(38) *Ibid.*, 500-506.
(39) *Ibid.*, 661-662.
(40) Commonwealth Schools Commission（a）, *op. cit.*, 9.
(41) Drummond, N. W., *op. cit.,* 61.
(42) Ashman, A. et al., *op. cit.*, 110-111. を参照。
(43) *Ibid.*, 110.
(44) Andrews, R. J.（1992）A National Perspective. In NSW Department of School Education, *From School to what? : Proceedings of the 1st National Conference on Transition Education for Students with Disabilities.* Author, Sydney, 38-43.

# 第3章
# オーストラリアにおけるトランジションに向けた学校役割の規定
~1980年代後半からの連邦政府による取り組み

## 第1節
## 成果追求型の教育への転換

### 1　経済合理主義的教育改革の実施

　1980年代に入っても，ウェルチ（Welch, A.）によれば，農業や鉱業への伝統的依存に加え製造業の成長が伸び悩んだことや，職業訓練システムがそのような新たな産業界の動きを追い切れなかったことなどが災いし，オーストラリア経済の国際競争力は虚弱なままであった。政策的相違はもちながらも労働党政権も保守党政権と同様に，大きくはイギリスのサッチャリズムに相当する経済合理主義（economic rationalism）に立ち，いわゆる「小さな政府」を推進することで，経済のグローバリゼーション下の国内経済悪化に対処した。教育においては，若者の失業を食い止めるための策が一層求められるようになり，連邦学校審議会はますます追いやられていくこととなった。

　1983年に誕生したホーク（Hawke, B.）政権は，とくに1980年代後半から，労働党でありながらも経済の自由化，福祉の削減，民営化の奨励などといった小さな政府論を，教育政策にも反映させていった。それにともない，教育政策における経済合理主義の出現も顕著になっていった。

　1987年から1991年にかけて，連邦政府レベルにおいて，経済合理主義に裏

づけされた初等教育から高等教育に至る大規模な教育改革が行われた。まず、連邦教育省と雇用産業関係省（Department of Employment and Industrial Relations）が連邦雇用教育訓練省（Department of Employment, Education and Training）に再編され、その大臣としてドーキンス（Dawkins, J.）が任命された。ドーキンスは、1988年の「変わりゆく社会における教育と経済（Education and the Economy in a Changing Society）」と題したOECD政府間会議の議長を務めた経済界の実力者であった。ダッドリーとヴィドヴィッチ（Dudley, J. and Vidovich, L.）によれば、ドーキンスはミクロ経済の観点から教育に人的資本（human capital）理論を再登場させたのであり、改革の性格を示す特徴的な言葉は「効率（efficiency）」「有効性（effectiveness）」「責任（accountability）」「生産性（productivity）」「質（quality）」「成果（performance）」「競争（competition）」「国家的調整（national coordination）」であったという。ドーキンスは人的資本論を土台として、教育や訓練に悪化した経済の打開を期待した。より具体的には、OECD諸国の動向をみつつ、国としての教育目標の設定、高等教育を全国で統一させる大学再編、全国共通のカリキュラム枠組みの導入など、改革内容は多岐にわたった。

　1989年、連邦政府と各州の教育大臣が共同で「学校教育における共通・合意された国家目標（Common and Agreed National Goals for Schooling）」、いわゆるホバート宣言（Hobart Declaration）を採択した。もともと義務教育段階は州政府、高等教育は連邦政府に権限があるが、当時強力に推進されていた教育政策における国家協働という方向性を、この目標は見事に示している。まさに国家的調整の下、文化的、社会的、経済的ニーズに対応できる人材育成をめざして、学校教育に求められる事柄が記された。とりわけリテラシーとニューメラシー、問題解決能力、情報処理能力などの獲得と、オーストラリア社会における職業について理解を深めることをはじめ、適切なキャリア教育や職業世界についての理解を促す教育が重視された。ホバート宣言で期待されたのは、以下である。

① 聞く，話す，読む，書くといった英語のスキル（リテラシー）
② 計算のスキルやその他数学的スキル（ニューメラシー）
③ 分析と問題解決のスキル
④ 情報処理やコンピューターのスキル
⑤ 社会における科学技術の役割についての理解と科学技術に関するスキル
⑥ オーストラリアの歴史や地理についての知識と理解
⑦ 英語以外の言語についての知識
⑧ クリエイティブ・アートの理解とそれへの参加意欲
⑨ 地球環境と開発についてのバランスのとれた理解と関心
⑩ 道徳，倫理，そして社会的公正に関する事項に対して正確な判断を行使する能力

ドーキンスの改革とほぼ同時期に，連邦学校審議会は『国家の利益のために～オーストラリアの中等教育と青年政策（In the National Interest: Secondary Education and Youth Policy in Australia)』(1987年) という報告書を発表している。この報告書は，当時20％にも達した若者（15-19歳）の失業率の高さと48.4％という12年生の在籍率の低さを背景に，オーストラリアの経済発展のために個々人がさらなる知識と技術を身につけ，社会発展に貢献することが望ましいとして，中等教育在籍率を1992年までに65％まで引き上げることを提言した。経済発展への貢献という観点はありつつも，その根底にはすべての者が個々に成功的な学校生活を送ることができるように，一般教育（general education）か職業教育（vocational education）かといった区分けを中等教育には持ち込まず，すべての一般教育が前職業教育（pre-vocational education）として成立するという，狭義の職業教育訓練にはもとづかない見解があった。さらに，当審議会は中等教育在籍率を上昇させるために，生徒たちの一様ではないニーズを考慮して中等教育の質を整える必要性も説いていた[7]。しかしながら，このような立場は「効率」や「競争」などをキーワードとするドーキンスの見解とは大いに異なり，

改革に反映されることはなかった。目につきやすい中等教育在籍率への注目や，知識と技能の習得といった表現だけが採用され，その本質が引き継がれることはなかった。そして，この改革時期，連邦学校審議会はついに消滅するのである。

## 2　キー・ラーニング・エリアの設定と職業教育訓練の推進

　国家としての教育目標であるホバート宣言を実現すべく，とくにホーク政権の後を受けた同じく労働党のキーティング（Keating, P.）政権時（1991-1993年）には，さまざまな策が講じられた。なかでもトランジションの支援には，共通のカリキュラム枠組みの設定と職業教育訓練の強化が大いにかかわる。

　ホバート宣言を根拠に，1993年，同国初の全国共通のカリキュラム枠組みが導入された。初等中等教育は各州の管轄下にある同国において，学校教育の具体的な中身に影響を与える枠組みが連邦政府レベルで設定されたことは，歴史的な出来事といっても過言ではなかった。まず，初等中等教育で学ばれるべき領域として，下記（Key Learning Areas；キー・ラーニング・エリア）が示された。

① 英語（English）
② 理科（Science）
③ 数学（Mathematics）
④ 英語以外の言語（Language other than English）
⑤ 芸術（The Arts）
⑥ 技術（Technology）
⑦ 保健体育（Personal Development Health and Physical Education）
⑧ 社会と環境の学習（Studies of Society and Environment）

　キー・ラーニング・エリアに法的拘束力はないが，各州，各学校でのカリキュラム開発の手引きとして活用されることが期待された[8]。また，それぞれのキー・ラーニング・エリアについて，基本方針や具体的な内容，学習の段階を示

したステートメント，そして，成績評価のあり方を示したプロファイルが示された。各州はこれらをもとに，具体的な教科やシラバスの設定を行うこととなった。いわゆる，成果を重視した取り組み（Outcome-based education）の開始である。

このようにカリキュラムの枠組みを大きく規定することで，ホバート宣言の実現をめざすことに加え，キーティング政権はいっこうに改善されない失業率への対処の一つとして，職業教育訓練の強化をさらに強力に打ち出していった。たとえばキーティング自身による演説では，同国における学校教育を修了した16-17歳の職業訓練を受けている未就労者の割合はOECD平均を大きく下回っていることが遺憾とされ，若者のニーズと産業のニーズの両者にあったスキルを若者が獲得することを保証するような教育訓練システムを発展させる必要性が説かれた。産業界の関係者で固められたオーストラリア教育レビュー審議会（Australian Education Council Review Committee）は，1991年に『若者の義務教育後の教育訓練への参加（Young People's Participation in Post-compulsory Education and Training）』という報告書，いわゆるフィンレビュー（Finn Review）を発表した。フィンレビューは，学校教育をより職業教育訓練に傾斜させたものとして有名である。トランジション支援にかかわっては，後期中等教育修了率を上げることや，義務教育修了後の教育訓練への参加及び資格取得が奨励されている。そして，すべての生徒を対象として，ただ職業体験の機会を提供するだけでなく，産業界で必要とされる能力（competencies：以下，コンピテンシー）を規定し，それを確実に身につけさせることが強調された。ドーキンスによる経済合理主義的教育改革下で設置された当時の国家訓練局（National Training Board）によれば，ここでいうコンピテンシーとは産業界から要請されるものであり，①実際の職場で有効なもの，②成果としてあらわれるもの，③訓練担当者や監督者及び雇用者にとって理解可能なもの，という三つの特徴があるという。

さらに，フィンレビューの方向性を継続しつつ，教育と職業を連結させることを提唱した『一般教育を仕事に生かす（Putting General Education to Work）』（1992年），いわゆるメイヤー報告（Mayer Report）は，数あるコンピテンシーのなか

でもオーストラリア経済において職種を問わず有効なものとして，①情報を収集分析する，②意見交換や情報交換をする，③活動を計画し組織する，④他者と，もしくはチーム内で働く，⑤数学的考えと技術を使う，⑥問題を解決する，⑦科学技術を使う，の七つをキー・コンピテンシー（Key Competencies）として定義した。翌1993年には，オーストラリア全土の職業教育訓練を管轄するオーストラリア国家訓練局（Australian National Training Authority）によって，⑧文化を理解する，が加えられ，八つのキー・コンピテンシーが規定された[15]。これらのコンピテンシーはすべての若者が身につけるべきとされ，とくに後期中等教育段階の職業教育訓練カリキュラムにおける導入は顕著であった[16]。

コンピテンシーの規定を教育に持ち込むことに対しては，さまざまな議論がある。細分化されたコンピテンシーの判定が実際の就労現場でいかに有効に統合されうるのかといった批判や，そもそもの教育の目的から外れるのではないかといった批判もある。ビーバーズ（Beevers, B.）やジャクソン（Jackson, N.）は，コンピテンシーは特定の価値から自由になりえないとし，この規定が政府や産業のニーズのみを重視していることを指摘している[17]。

いずれにせよ，トランジションを間近に控えた生徒にとっては，キー・ラーニング・エリアでの学びと，就労に向けたコンピテンシーの獲得が有機的に結びつくことが期待されるようになったといえる。

## 第2節
## 教育成果の明確化とその把握

### 1 リテラシー・ニューメラシーと就労スキルの追求

1996年からのハワード（Howard, J.）保守連立政権（1996-2004年）においては，キー・ラーニング・エリアにおける成果，とりわけリテラシーやニューメラシーに関する基準が明確にされるとともに，職業教育訓練を強調した教育システムの整備が生涯学習（life-long learning）というキーワードが付加される形

で継続された。たとえば、リテラシー・ニューメラシーの獲得にかかわって、1997年、連邦政府と各州の教育大臣が「国家リテラシー・ニューメラシー計画（National Literacy and Numeracy Plan）」に合意している。これは、国全体のリテラシー・ニューメラシーレベルの向上をめざして、初等教育の子どもたちが適切なレベルでリテラシー・ニューメラシーを取得できるよう、できるだけ早い段階で子どもたちの支援ニーズを把握し対処するための取り組みである。これにより、最低基準としての到達度判定システムや、判定結果についての各州からの報告システムが導入された。

加えて同年、すべての生徒を対象とした学校内外での職業教育訓練の強化を目的とした助成である「学校から仕事へプログラム（School to Work）」が実施された。このプログラム下で職業教育訓練における資格やその取得方法の改訂などが行われた。中等教育段階の学校教育カリキュラムにおいては職業教育科目の増設がみられ、学校と TAFE 間の単位互換（大学受験にも一部有効）など、職業教育訓練要素があらゆる教育セクターに浸透し始めた。

先に、何を望ましい教育成果とするのかについては、1989年、連邦政府と各州の教育大臣が共同で採択したホバート宣言にあることを述べた。ホバート宣言では、まさに国家的調整の下、文化的、社会的、経済的ニーズに対応できる人材育成をめざして学校教育に求められる内容が記され、とりわけ、リテラシーとニューメラシー、問題解決能力、情報処理能力等の獲得と、職業にかかわる教育が重視された。この観点をより具体化し、実現させるため、1999年には、やはり連邦政府と各州の教育大臣共同で「21世紀における学校教育の国家目標についてのアデレード宣言（the Adelaide Declaration on National Goals for Schooling in the Twenty-first Century: Preamble and Goals；以下、アデレード宣言）」がまとめられた。そのなかで、児童生徒に習得が期待されるものとして以下が挙げられた。

① キー・ラーニング・エリアにおける高水準の知識、スキル、理解

② ニューメラシー，リテラシーの習得
③ 義務教育機関からの職業的な学習への参加，後期中等教育段階での職業教育訓練へのアクセス
④ 柔軟で適応性のあるスキルを含め，企業において必要な技能を促進させるプログラムや活動への参加

　このようなアデレード宣言の実現に向けて，先の「国家リテラシー・ニューメラシー計画」や「学校から仕事へプログラム」が重要な役割を果たすことはいうまでもない。ここでは，性別，言語，文化，民俗，宗教，そして障害等を理由とした差別と決別し，「公正」を追求する必要も述べられている。
　アデレード宣言における職業教育訓練のアクセスにかかわって，2002年には，就労に必要なスキルを明確化して学校教育に浸透させることで卒業後の生活へのトランジションを一層円滑なものにすべく，オーストラリア産業審議会（Australia Business Council）とオーストラリア商工会議所（Australian Chamber of Commerce and Industry）が関連団体と協議のうえ，先のメイヤー報告をふまえつつ，「就労に必要なスキル（Employability Skills）」を規定した。これはメイヤー報告におけるキー・コンピテンシーを，実際の職場で雇用主が理解しやすい用語に変更しつつ，職場で求められる具体的なスキルとして示したものである。さらに，産業界からの要望から，メイヤー報告にはなかった内容のスキルも加えられた[24]。具体的には，①コミュニケーション，②チームワーク，③問題解決力，④進取の気性，⑤計画力と実行力，⑥自己管理，⑦学習，⑧技術である[25]。これらのスキルは，仕事を得るためだけでなく，職場内で自身の可能性を開花させ，職場の戦略や方向性に貢献するためのスキルとして定義され[26]，学校でもカリキュラム全体を通して身につけられるようにすべきことが述べられている。
　以上，1990年代半ばからは，キー・ラーニング・エリアの学びにおいて，とくにリテラシー・ニューメラシーの重要性が指摘されるにとどまらず，その獲得状況の確認作業が導入され，就労にかかわるスキルも企業側から具体的に

提示されるとともに，学校カリキュラムへの取り込みが積極的に推進された。このような動きは，とりわけ後期中等教育段階の学校教育を大きく規定し，トランジション支援においても必要な中身とされた。そして，次節で述べる「公正」の観点から，障害のある生徒も「差別なく」，成果を追究することとされた。

## 2　国家協働のさらなる強化

2007年，11年ぶりに労働党政権であるラッド（Rudd, K.）政権（2007-2010年）が誕生すると，ソーシャル・インクルージョンが各種政策のスローガンとされながらも，教育行政上はとりわけ経済のグローバリゼーションへの対応が課題として前面に押し出されるようになった。

まず2008年，アデレード宣言に代わり，「オーストラリアにおける若者のための教育目標についてのメルボルン宣言（Melbourne Declaration on Educational Goals for Young Australians；以下，メルボルン宣言）」が出された。アデレード宣言をふまえつつも異なる点としては，地球市民（global citizen）としての感覚が求められているとして，文化や宗教などの多様性を尊重する姿勢を押し出したこと，中国やインドの台頭を受けて，アジアの言語に強くなる必要性を述べたこと，そして，経済のグローバリゼーションと技術革新によって教育に対する要求が一層高まっているとして，世界基準のカリキュラムと評価を導入することや，すべての若者が中等教育を完了すべきことを主張したことが挙げられる。[27]

2009年にはメルボルン宣言の実現に向けて，連邦政府と各州が一層強固なパートナーシップを構築し，教育成果を向上させるために，とりわけ協力体制を必要とする課題が整理された。[28] たとえば，連邦政府と各州のトップが集うオーストラリア政府会議（Council of Australian Governments；以下，COAG）は，各種のパートナーシップ（national partnership）を組み，早期教育と中等教育の充実をとくに視野に入れながら，世界に通用するカリキュラム及び評価の推進，後期中等教育とその後のトランジションの支援，説明責任と透明性の強化を確認した。そこでは，先住民やその他教育的に不利な状況にある若者，とくに社

会経済的に不利な若者の教育成果を改善することが述べられている。これにより，これまでの一般経常費や建築費とは別に，教員の資質向上，社会経済的に不利な状況にある学校地域（Low Status School Communities）への支援，リテラシーとニューメラシーを向上させるためのプログラムの開発実施，学校と企業の距離を近くしながら，キャリア発達や職業教育訓練に向けたプログラムの開発実施など，多様な予算配分がなされた。<sup>(29)</sup>

　本書にかかわっては，このような国家協同のもとでのカリキュラム及び評価の動向と中等教育をめぐる動向が，とくに注目に値する。まず，世界基準のカリキュラムと評価についてであるが，その背景には，OECDによる学習到達度調査（Programme for International Student Assessment；以下，PISA）の結果がこ10年間芳しくない<sup>(30)</sup>ことに対する危機感が強くあった。2008年に導入された，「国家アセスメントプログラム―リテラシー・ニューメラシー（National Assessment Program- Literacy and Numeracy；以下，NAPLAN）」は，メルボルン宣言における，説明責任と透明性の確保にかかわって，同宣言に明記された教育成果を明確化するための取り組みの一環である。これまでは，「国家リテラシー・ニューメラシー計画」において最低基準こそ示されてはいたものの，各州独自にリテラシー・ニューメラシーにかかわる試験を実施してきた。それでは実施時期も評価軸もまちまちで，比較も困難であったことを受けて，NAPLANでは，3，5，7，9年生に対してリテラシー・ニューメラシーの全国試験を実施し，その結果の推移をみていくこととした。ギラード（Gillard, J.）労働党政権（2010-2013年）の下，2011年導入のナショナル・カリキュラムの発展において，NAPLANは不可欠な取り組みとして位置づけられた<sup>(31)</sup>。ここでは，障害のある児童生徒も対象となる（試験を受けないことも可能）。そしてNAPLANの結果は，説明責任や透明性の観点からも公表され，各州の取り組みに多大な影響を与えている。

　ナショナル・カリキュラムは，これまでのキー・ラーニング・エリアの設定以上に，初等中等教育に対する各州の裁量という伝統に対する大きな挑戦でもあり，①「統制された学習領域（discipline-based learning areas）」，それによって

獲得が求められる②「普遍的な能力（general capabilities）」，そして，③「横断的カリキュラムによって捉えるべき現代的課題（contemporary cross-curriculum priorities）」の三つの次元から構成される。まず，①「統制された学習領域」は，キー・ラーニング・エリアを踏襲及び再編している。各領域では，その目的，内容，獲得が具体的に求められる知識，理解，スキルや，到達基準が示される。①の学習領域全体を通して獲得すべき知識やスキル，態度が，②「普遍的な能力」であり，具体的にはリテラシー（Literacy），ニューメラシー（Numeracy），情報コミュニケーション技術（Information and communication technology capability），批判的かつ創造的思考（Critical and creative thinking），自己及び他者に対する理解と関係構築にまつわる能力（Personal and social capability），倫理に関する理解（Ethical understanding），そして学習内容を文化，言語，信念などといった事柄に結びつけて理解する力（Intercultural understanding）の七つが整理されている。これらはメルボルン宣言をふまえており，テラシー・ニューメラシーは，具体的なスキルの獲得やあらゆる場面への参加において不可欠なものとして位置づけられ，学校教育の初期には，その獲得に注力すべきとされている。リテラシー・ニューメラシー獲得の意義が，学校教育を通して子どもたちが身につけるべき事柄にかかわって，より明確に示されていることがわかる。

　続いて，中等教育をめぐる動向についてである。COAGは，2015年までに中等教育最終学年である12年生の在籍率を90％に上昇させること，とくに，20-24歳のオーストラリア人の90％が12年生を修了している，もしくはそれと同等の資格を得られているようにすることとした。そして，先にも述べた職業教育訓練の予算にかかわって，中等教育学校における職業教育訓練の積極的導入などに対しての予算枠組みが再編された。2010年には，17歳までは学校もしくは訓練に参加するかフルタイムでの就労に従事する，もしくは教育訓練と就労を組み合わせた形態に参加することが全国的に求められるようになった。

　このように，とくにリテラシー・ニューメラシーの獲得にかかわって学校教育の内容と評価を早くから統一することで獲得する成果を明確化し，続く中等

教育段階では職業教育訓練の連携を強め，さらには教育訓練の年限を延長させることで，グローバル経済に対抗できるという意味での，円滑なトランジションに向けた支援がめざされている。

## 第3節
## 障害のある生徒に対する「公正 (Equity)」に向けて

### 1　カリキュラムにかかわる動き

　1980年代の経済合理主義的教育改革以降の教育政策は，障害のある生徒に対してどのような影響を及ぼしたのであろうか。ホバート宣言では，教育機会の均等化に向けて，マイノリティへの配慮が明記されている。[38]

　まず，キー・ラーニング・エリアについては，1994年，デレモス（De Lemos, M. M.）によって各州の教育省，関係機関，学校関係者や保護者らを対象に実施された，障害児教育の全国実態調査において言及されている。本調査において，障害のある児童生徒に対するカリキュラムは，①教科のカリキュラムを支援機器を用いながら教授するもの（主に通常学級にて実施），②教授方法も修正しながら特定の科目のみを教授するもの（主に障害児学級にて実施），③地域での生活に必要な身辺処理などのスキル獲得を重視したもの，④施設で必要とされる身辺処理などのスキル獲得を重視したもの，⑤重度の障害に対応した感覚刺激やコミュニケーションスキルの獲得を重視したもの（主に障害児学校にて実施），以上五つに区分された。加えて，障害児学級に時々通いながら通常学級でも学ぶ障害のある児童生徒のニーズとカリキュラムの合致については中等教育よりも初等教育の教員の方が関心を寄せている一方，中等学校の方が教科指導を追求する傾向にあったことも報告されている。[39] このような実態があるなかで，確かにリテラシー・ニューメラシーの獲得は，ソーシャルスキルと並んで重要とみなされ，付加的な支援が要請されてはいるが，[40] キー・ラーニング・エリアのプロファイルは障害のある児童生徒にとっては一部の活用にとどまっ

ていること，障害児学校となると「アカデミックすぎる（too academic）」としてほとんど扱われていないこと，それゆえに，非公式な手順に沿ってアセスメントが実施されている実態が明らかにされた。

キー・ラーニング・エリアは，障害の有無を問わないすべての児童生徒を対象としたカリキュラム枠組みであるにもかかわらず，障害のある児童生徒に対しての機能は不明瞭なものとなっていたことがわかる。デレモスは，特別なカリキュラムを策定するのではなく，教育的ニーズをもちながらアクセスできる通常教育カリキュラムを強調したが，エルキンス（Elkins, J.）によれば，その後も障害のある児童生徒のための評価プロファイルに関してはほとんど議論されてこなかったという。

そのような実態が変化していくのは，1999年のアデレード宣言の後からといえる。教育成果の一層の明確化と確実な習得をめざした取り組みは，障害のある児童生徒もその対象として一層明確に位置づけた。とくに2001年以降は，障害のある児童生徒に対するリテラシー・ニューメラシー向上のためのプログラムが，障害児教育の振興にかかわる主たる予算として組まれるようになった。たとえば，2005年からの「リテラシー・ニューメラシーと特別な学習ニーズプログラム（Literacy, Numeracy and Special Learning Needs Programme）」は，以下を用途とした教育予算を各州に分配した。

① 各州教育機関による英語のリテラシー・ニューメラシー向上のための介入を目的としたプログラムの実施
② 学習支援の専門家の配置
③ 障害や学習困難のある児童生徒への教員加配
④ 必要な施設設備の提供

これは障害のある児童生徒を含む教育上不利な立場にある子どもたちへの支援を目的としているが，障害のある児童生徒にとっては，カリキュラムへのア

クセスを保障することを通して，インテグレーション（ここではインクルーシブ教育という言葉は使われていない）の推進に貢献する旨が述べられた。

　現在では，先のメルボルン宣言を根拠とした連邦政府と各州の各種パートナーシップの下，リテラシー・ニューメラシーのプログラムは再編されている。NAPLAN の結果をみつつ，リテラシー・ニューメラシーの支援はこれまで以上に国家としての優先課題とされている。特段，障害のある児童生徒に言及されているわけではないが，いくつかのプロジェクトのうち「国家リテラシー・ニューメラシー診断ツールプロジェクト（National Literacy and Numeracy Diagnostic Tools Project）」にみられるように，支援ニーズの把握も視野に入れた取り組みも開始された。[(45)]

　時期が前後するが，1992年に制定された「障害者差別禁止法（Disability Discrimination Act；以下，DDA）」は，障害を理由とした差別の禁止という観点から学校教育のあり方を問い，差別を積極的に是正していくことに大きく貢献した。DDA については，次章にて扱うのでそちらを参照されたいが，直接差別と間接差別の規定，間接差別にかかわって「合理的調整（reasonable adjustments）」の規定がなされたことは，同国が国連・障害者権利条約を批准する根拠となった。上記の教育施策においても DDA の観点は重視され，その細則にあたる「教育における障害基準（Disability Standards for Education）」（2005年制定）[(46)] は，教育へのアクセスにおける「公正」のあり方に直接かかわっている。

　「教育における障害基準」は連邦政府レベル，各州レベル，さらには公私問わず，就学前教育機関，義務教育機関，後期中等教育機関，高等教育機関，生涯学習にかかわる機関，企業内教育にかかわる機関，教育行政にかかわる機関すべてが遵守すべき基準である。学校への物理的なアクセシビリティの確保にとどまらず教育活動に至るまで，個に合わせた配慮を障害のある児童生徒にとっては権利として，教育提供者にとっては義務として規定する。したがって，通常学校が未整備のままであること，障害のある児童生徒がダンピングされることは許されない仕組みとなっている。[(47)] とりわけカリキュラム，教育方法，評

第 3 章　オーストラリアにおけるトランジションに向けた学校役割の規定　83

価のあり方に柔軟性をもたせることが求められている点は，リテラシー・ニューメラシー向上のための取り組みや職業教育訓練において，障害のある児童生徒が阻害されないための重要な役割を担う[(48)]。そしてこの観点は，後のナショナル・カリキュラムの導入における障害のある児童生徒のニーズの引き受け方を規定していくこととなった。2012年に出された「教育における障害基準」のレビュー報告書では，さまざま課題があるなかでも，インクルーシブなカリキュラムの実現を望む声が多かったことが述べられている[(49)]。

ナショナル・カリキュラムの実現において，障害のある児童生徒は，やはり「公正」を追究すべき対象の一カテゴリーである。DDAと「教育における障害基準」を根拠に，障害のない児童生徒と「同等の（on the same basis）」教育保障，そして，「合理的調整」のあり方が重要とされている[(50)]。ナショナル・カリキュラムがめざす「普遍的な能力」，とりわけリテラシー・ニューメラシーをはじめとして，障害のある児童生徒個々の教育計画に反映させるために，下の学年の内容を採用することはもちろん，具体的な内容を考案していく工夫なども提案されている[(51)]。ナショナル・カリキュラムがインクルーシブなカリキュラムといえるのかについては別に丁寧な議論を要するが，リテラシー・ニューメラシーの獲得が，インクルーシブな学校教育カリキュラムの文脈で改めて強調されるようになったといえよう。

## 2　障害のある生徒のトランジションにかかわる動き

キー・ラーニング・エリアでは，障害のある児童生徒の位置づけがいまひとつ不明瞭な時期が長かったが，経済合理主義の浸透によってもたらされた職業教育訓練の文脈においては，障害のある児童生徒も例外なく「生産的」な教育の対象として，早くから明確に位置づけられた。

時期が前後するが，先述の連邦雇用・教育・訓練省の大臣ドーキンスと当時の雇用サービス・青年問題省（Department of Employment Services and Youth Affairs）の大臣ホールディング（Holding, M. P.）によって1987年に出された『オ

ーストラリアのためのスキル（*Skills for Australia*）』では，アボリジニや非英語圏からの移民，労働市場に再参入したいと考えるひとり親や女性など，市場で求められるスキルをもたず市場に居場所がない人々と並んで，障害者も教育訓練を改善すべき対象とされている(52)。そして，前述のフィンレビューでは，以下が課題として示された(53)。

① 継続教育・訓練に導く適切な後期中等教育プログラムの欠如
② 義務教育後も教育の継続を求める生徒に対する支援の不十分さ
③ トランジション計画の欠如
④ 高等教育やTAFEと学校の連携の不十分さ

これら4項目は，前章で触れた国内トランジション実行委員会が提案した内容と文面の上では随分と似通っているが，フィンレビューのめざすところを考慮すると，障害のある生徒の成人期をいかに豊かにするのかといった視点がどこまで含意されているのかは，疑問視せざるをえない。

そして1994年，ホバート宣言を根拠として，連邦政府と各州の教育大臣共同の「学校における公正のための国家戦略（National Strategy for Equity in Schooling）」が出された。ここでは学校における「公正（equity）」を，学校教育へのアクセスと，学校教育システムからの利益配分にかかわる概念として押さえている(54)。具体的には，不適切で排除的な学校教育カリキュラム，付加的支援の欠如や差別的環境，非効率的な教授法，さらに不十分な教育資源といった要素は，社会的に不利な子どもたちを教育的に不利な子どもたちとして位置づけるものであることが述べられている。そして，教育的に不利な立場におかれやすい子どもたちは，他の子どもに比べて教育機会や教育成果が乏しいとし，①障害，学習困難，情緒もしくは行動上の困難がある児童生徒，②中途退学の可能性がある児童生徒，③貧困など社会経済的地位が低い環境にある児童生徒，④アボリジニ，トレス海峡島嶼民の児童生徒，⑤第2外国語として英語を学ぶ必要がある

非英語圏出身の児童生徒，⑥遠隔地に住む児童生徒，以上六つのカテゴリーに該当する子どもたちには，付加的な援助やリソースが必要であるとした。ジェンダーは特定の対象とされてはいないが，以上の各対象のなかに視点として含まれ，調査の際に考慮される。この戦略には，上記のカテゴリーに当てはまる子どもたちの国家経済への潜在的貢献への期待が明確に述べられており，ここでいわれる教育成果は経済への貢献度によってかなりの程度はかられるものといえる。

　この戦略の具体的展開として，同年，「学校における国家公正プログラム（National Equity Program for Schools）」の枠組みで，「障害のある生徒のトランジション支援（Transition Support Component）」が位置づけられ，助成が開始された。ここでいうトランジションは，たとえば障害児学校から通常学校への移行といった内容も含み，本書で扱うトランジション内容よりは広義なものだが，学校から就労，継続教育，訓練へのトランジション支援も強調されている。具体的には，各州の教育機関が学校教育修了後の選択肢を，障害のある生徒がよりアクセスしやすいものとするための改善策や，学校からのトランジション支援を専門とするスタッフの配置などが主たる用途とされた。このプログラムは，1997年には，先述のすべての生徒を対象とした「学校から仕事へプログラム」に統合されることとなった。

　現在も，障害のある生徒は，障害の有無を問わない後期中等教育に在籍する生徒一般に対するプログラム対象として位置づけられる形でトランジション支援の対象となっている。ここでもやはり，先のメルボルン宣言を根拠とした連邦政府と各州のパートナーシップの下，プログラムは再編されており，学校カリキュラムへの職業教育訓練の導入が改めて強調されている。

　メルボルン宣言にある，先住民やその他教育的に不利な状況にある若者，とくに社会経済的に不利な若者の教育成果を改善することといった文脈に障害のある生徒も位置づけられるが，その具体的な対応策は，各州の取り組みをみるほかない。つまり，障害のある生徒に特化した形ではなく，プログラム一般のなかに障害のあるケースを明確に位置づけ包摂するといった形のなかで，障害

表3-1　1980年代後半から現在までのトランジション関連動向

| | トランジション一般にかかわる動き | 障害児教育にとくに関連した動き | 政権 |
|---|---|---|---|
| 1987年 | 経済合理主義的教育改革開始　〜1991年<br>『オーストラリアのスキル』（ドーキンス他）<br>『国家の利益のために：オーストラリアの中等教育と青年政策』（連邦学校審議会） | | ホーク労働党政権 |
| 1989年 | ホバート宣言 | | |
| 1991年 | 『若者の義務教育後の教育訓練への参加』（フィンレビュー） | | キーティング労働党政権 |
| 1992年 | 『一般教育を仕事に生かす』（メイヤー報告） | 障害者差別禁止法　制定 | |
| 1993年 | キー・ラーニング・エリアの導入 | | |
| 1994年 | 「学校における公正のための国家戦略」 | 障害児教育全国調査(デレモス)<br>「障害のある生徒のトランジション支援」プログラム開始 | |
| 1997年 | 「国家リテラシー・ニューメラシー計画」開始<br>「学校から仕事へのプログラム」開始　〜2004年 | 「障害のある生徒のトランジション支援」プログラムを「学校から仕事へプログラム」に統合 | ハワード保守連立政権 |
| 1999年 | アデレード宣言 | | |
| 2002年 | 「就労に必要なスキル」の規定 | | |
| 2004年 | 「学校から仕事へプログラム」を「企業・キャリア教育プログラム」に統合 | | |
| 2005年 | | 「リテラシー・ニューメラシーと特別な学習ニーズプログラム」開始<br>「教育における障害基準」制定 | |
| 2008年 | メルボルン宣言<br>「国家アセスメントプログラム－リテラシー・ニューメラシー」開始 | 連邦・各州のパートナーシップ下における各種プログラムの再編 | ラッド労働党政権 |
| 2009年 | 連邦・各州のパートナーシップ下における各種プログラムの再編 | | |
| 2010年 | 各州の17歳までの取り組みを統一 | | ギラード労働党政権 |
| 2011年 | ナショナル・カリキュラム導入 | | |

のある生徒がどの程度きめ細やかに対応されているのかは，各州のこれまでの蓄積を考慮しつつ，検討する必要があるといえる。

**小括**

　連邦政府レベルの教育行政は，1970年代の教育の機会均等化から，1980年代の経済合理主義的教育改革を経て，1990年代後半からは教育成果を明確化し追求するものへと変化した。

　教育成果としてとくに具体的に期待されたのは，リテラシーとニューメラシー，そして就労に必要なコンピテンシー並びにスキルであった。障害や学習困難のある子どもは，英語以外の言語を母語とする子ども，アボリジニ及びトレス海峡島嶼民の子ども，遠隔地に暮らす子ども，社会経済的地位が低い子どもと並んで不利な立場にあるとされ，十分な教育成果を得ることができるようにするために，重点的な支援を要するターゲットとして位置づけられた。つまり，教育の機会均等化と併せて，教育成果の追求に向けた付加的な支援が学校教育の「公正」の実現とされた。

　そして現在，教育においては，フィンレビューからの一連の報告書を反映させたホバート宣言及びアデレード宣言をふまえたメルボルン宣言が，具体的な予算プログラムの根拠となっている。経済合理主義的教育改革によって実現した国家協働の取り組みは，経済のグローバリゼーションを背景に，PISAを大いに意識し「世界基準」をめざしたナショナル・カリキュラムやNAPLANの実施につながった。さらに，学校への職業教育訓練の導入は，一層積極的に推し進められ，若者の多様なトランジションの在り方を支援すべく，学校教育と就労を柔軟に行き来することができるような策が練られている。つまり早くからとくにリテラシー・ニューメラシーの獲得と強化に注力しつつ，職場で求められる具体的な就労スキルを身につけられるようにすることが，学校から社会へのトランジションに向けた学校役割として大きく位置づけられている。

　障害を理由にした差別を禁止する法施策，さらには障害者権利条約をもって，

障害のある児童生徒は以上のような取り組みの対象からも，追求すべき成果からも疎外されない。障害のある生徒への支援を障害のない生徒のそれに統合させていく取り組み，とくに1990年代後半からの，障害種別や程度といった観点ではなくリテラシー・ニューメラシーの獲得と就労に向けたニーズに注目して支援を提供しようとする姿勢は，それまでの障害児教育保障の在り方とは大きく異なるものである。このような動向は，障害及び障害児教育の国際動向との関連を窺わせるものとなっている。

　しかし，経済合理主義やグローバル経済といった論理が先行したなかで学校役割が規定されていることは明らかである。たとえば，就労を選択肢として設定する場合の学校教育の役割については，就労先で必要とされるコンピテンシーやスキルを確固たるものとするための検討が再三積み重ねられてきたのであり，就労先のニーズにいかに応えていけるのかといった観点が先行している。つまり，OECD/CERIなどのトランジション研究の到達点をいかに引き取ることができるのかも念頭に置いた，障害のある生徒のトランジションに関する学校教育についての教育学的議論は依然として不十分といわざるをえない。結果，トランジション支援やそれに向けた学校役割の検討の幅は狭いものとなっている。これらは本来であれば，障害のない生徒にとっての学校役割を論じるうえでも，同じく重要な論点となりえるのではないだろうか。

注
（1）　1972年の失業期間は平均で6週間，しかし1990年代は1年以上であったという。Welch, A. (1996) Education, Work and Youth Unemployment: Old Wine in New Bottle? . In A. Wealch., *Australian Education: Reform or Crisis?*. Allen & Unwin, Crows Nest, NSW, 57. を参照。
（2）　Dudley, J. and Vidovich, L. (1995) *The Politics of Education: Commonwealth Schools Policy 1973-1995*. Australian Council for Educational Research, Melbourne, 128-129.
（3）　*Ibid.*, 134.
（4）　本章において，各州・直轄区を各州と記す。

（5） Dudley, J. et al., *op. cit.*, 149-150. 及び, 190-191. オーストラリア教育審議会（Australian Education Council；以下 AEC）が策定。AEC は1936年に組織された, 各州の連携並びに情報交換を目的とした組織である。1993年に教育・雇用・訓練・青年問題に関する行政審議会（Ministerial Council on Education, Employment, Training and Youth Affairs）に再編され, 国家レベルの教育政策の策定に大きな役割を担った。これについては, 笹森健（2001）第2章1980年以降の教育改革の理念と動向. 石附実・笹森健編, オーストラリア・ニュージーランドの教育, 東信堂, 27-29. を参照。また, 2009年には, 教育・乳幼児の発達・青年問題に関する行政審議会（Ministerial Council for Education, Early Childhood Development and Youth Affairs: MCEECDYA）, さらに, 2012年には, 学校教育・乳幼児の発達・青年問題に関する常任委員会（the Standing Council on School Education and Early Childhood Development and Youth Affairs）に再編された。MCEECDYA のサイトを参照。http://www.mceecdya.edu.au/mceecdya/about_mceecdya,11318.html（2014年5月17日アクセス）

（6） ホバート宣言は, 以下の MCEECDYA のサイトで閲覧可能。ホバート宣言の第10項（To provide appropriate career education and knowledge of the world of work, including an understanding of the nature and place of work in our society.）を参照。http://www.mceecdya.edu.au/mceecdya/hobart_declaration,11577.html （2014年5月17日アクセス）

（7） Commonwealth Schools Commission（1987）*In the National Interest Secondary Education and Youth Policy in Australia: an Overview.* Author, Canberra, 6-11.

（8） 笹森健・佐藤博志（1994）オーストラリアにおける教育課程行政改革―ナショナルカリキュラムを中心に. 青山学院大学教育学会紀要　教育研究, 第38号, 67-78.

（9） 佐藤博志（1996）オーストラリアにおけるナショナル・カリキュラムに関する考察―実施過程を中心に, 比較教育学研究, 第22号, 101-112.

（10） 同上.

（11） Welch, A.（1996）*op. cit.,* 57.

（12） Australian Education Council Review Committee（1991）*Young People's Participation in Post-compulsory Education and Training: Report of the Australian Education Council Review Committee.* Australian Government Publishing Services, Canberra, ix-xiv.

（13） Dudley, J., et al., *op. cit.*, 161-163.

（14） Harris, R., Guthrie, H., Hobart, B. and Lundberg, D.（1995）*Competency-based Education and Training: Between a Rock and a Whirlpool.* Macmillan Publishers

Australia, South Yarra, VIC, 94. 国家訓練局は，1994年に MCEETYA が組織されたことにともない，オーストラリア国家訓練局（Australian National Trainning Authority）の一部として再編された。これについては，同書74を参照。
(15) Australian Education Council, Mayer Committee（1992）*Key Competencies; the Report of the Committee to advise the Australian Education Council and Ministers of Vocational Education, Employment and Training on Employment-related Key Competencies for Post-compulsory Education and Training*. Australian Education Council and Ministers of Vocational Education, Employment and Training, Melbourne, 1992及び Dudley, J. et al., *op. cit*., 165-166.
(16) Welch, A., *op. cit*., 69-70.
(17) Dudley, J. et al., *op. cit*., 166 -171.
(18) Stanwick, J.（2003）*Skills for Life: Lifelong Learning Systems in Australia*. IIEP/KRIVET/NCVER/NIER collaborative project. paper.（unpublished）. 翻訳は以下。山中冴子（2004）人生のためのスキル—オーストラリアにおける生涯学習システム：生涯学習の実現—ヨーロッパとアジア太平洋地域の試み．生涯学習社会の政策立案過程に関する国際比較研究最終成果報告書，国立教育政策研究所生涯学習政策研究．11-37.
(19) 青木麻衣子（2008）オーストラリアの言語教育政策—多文化主義における「多様性」と「統一性」の揺らぎと共存．東信堂．156-159．青木によると，最適基準を下回った子どもたちを対象に，多くの州では，「リーディング・リカバリー（Reading Recovery）」や「早期リテラシープログラム（Early Years Literacy program）」などが実施されてきたという。
(20) 同上．
(21) Commonwealth Department of Education, Training and Youth Affairs（1997）*Commonwealth Program for Schools: Quadrennial Administrative Guidelines 1997-2000*. Australian Government Publishing Service, Canberra, 39-40.
(22) MCEECDYA（1999）*The Adelaide Declaration on National Goals for Schooling in the Twenty-first Century: Preamble and Goals*. は，下記のサイトでみることができる。MCEECDYA は，先述のように，教育・就学前の発達・青年問題に関する行政審議会（Ministerial Council for Education, Early Childhood Development and Youth Affairs）の略称である。http://www.mceecdya.edu.au/mceecdya/adelaide_declaration_1999_text,28298.html（2014年5月17日アクセス）
(23) *Ibid*. 及び，佐藤博志（2007）オーストラリアの教育改革に学ぶ—学校変革プランの方法と実際．学文社．39-40．
(24) メイヤー報告におけるキー・コンピテンシーにはなく，「就労に必要なスキル」

に新たに加えられたのは,「④進取の気性」と「⑦学習」である。また,キー・コンピテンシーにある「⑤数学的考えと技術を使う」は,「就労に必要なスキル」の複数に含まれるものと解釈され,それとしては明記されなかった。さらに,キー・コンピテンシーの「⑧文化を理解する」は「就労に必要なスキル」としては位置づけられていない。Department of Education, Science and Training（2006）*Employability Skills From Framework to Practice; An Introductory Guide for Trainers and Assessors*, Author, Canberra, ACT, 9-10. 連邦教育・科学・訓練省による次のサイトで閲覧できる。http://www.nssc.natese.gov.au/__data/assets/pdf_file/0010/69454/Employability_Skills_From_Framework_to_Practices.pdf#search='Australia+Employability+Skills'（2014年5月17日アクセス）

(25) Department of Education, Science and Training（2002）*Employability Skills for the Future.* Author, Canberra, 14.「就労に必要なスキル」は現在改訂中であり,「就労に必要なコア・スキル（Core Skills for Employment）」として再定義される予定である。これについては, Ithaca Group Pty Ltd（2012）*Employability Skills Framework Stage 1: Final Report.* Department of Education, Employment and Workplace Relations, Canberra. を参照。

(26) Department of Education, Science and Training（2002）*op. cit.*

(27) Ministerial Council on Education, Employment, Training and Youth Affairs（2008）*Melbourne Declaration on Educational Goals for Young Australians.* Author, Melbourne, 5.
連邦政府と各州の首相などが集まるオーストラリア政府会議（Council of Australian Governments）は,2015年までに後期中等教育最終学年在籍者もしくはそれと同等の資格を有する者を合わせた割合を,90%に引き上げることをめざしている。これについては, Australian Curriculum, Assessment and Reporting Authority(a)（2011）*National Report on Schooling in Australia 2010.* Author, Sydney, 19. を参照。

(28) Ministerial Council on Education, Employment, Training and Youth Affairs（2009）*MCEETYA four-year plan 2009-2012: A companion document for the Melbourne Declaration on Educational Goals for Young Australians.* Author, Melbourne, 3.

(29) Australian Curriculum, Assessment and Reporting Authority（a）, *op. cit.*, 7-34に詳しい。

(30) 2009年の結果では,読解力は9位,数学的リテラシーは15位,科学的リテラシーは10位であった。結果の詳細は, Thomson, S., Bortoli, L. D., Nicholas, M., Hillman, K. and Buckley, S.（2011）*Challenges for Australian Education: Results from PISA 2009.* Australian Council for Educational Research, Camberwell, VIC. を参照。

(31) *Ibid.*, 53-54. 全国評価プログラムとしては, NAPLANだけでなく,6年生を対

象にした科学的リテラシー，6年生と10年生を対象にした情報コミュニケーション技術，同じく6年生と10年生対象の公民（civic and citizenship），以上3種類のサンプル調査（3年ごと）もある。
(32) Australian Curriculum, Assessment and Reporting Authority (b) (2013) *The Shape of the Australian Curriculum Version 4.0,* Author, Sydney, 15-18.
ちなみに，③「横断的カリキュラムで捉えるべき現代的課題」は，アボリジニ，トレス海峡島嶼民の歴史と文化に関する課題，アジア諸国との関係に関する課題，そして，環境，社会，文化そして経済など広範囲にわたる持続可能な社会に向けた課題の三つである。
(33) 学習領域は，英語（English），数学（Mathematics），科学（Science），歴史（History）・地理（Geography）・公民（Civics and Citizenship）・経済とビジネス（Economics and Business）からなる人文社会科学（Humanities and Social Science），ダンス（Dance）・メディアアーツ（Media Arts）・音楽（Music）・ヴィジュアルアーツ（Visual Arts）からなる芸術（The Arts），外国語（Languages），保健体育（Health and Physical Education），デジタル技術（Digital Technologies）・デザインと技術（Design and Technologies）からなる技術（Technologies）の八つである。*Ibid.* 14.
(34) *Ibid.,* 22.
(35) *Ibid.,* 19.
(36) Australian Curriculum, Assessment and Reporting Authority (c) (2010) *National Report on Schooling in Australia 2009,* Author, Sydney, 61.
(37) 連邦政府と各州のパートナーシップの下，トランジションにかかわるプログラムは再編されており，たとえば，10年生まで就学した者がその後，学校，訓練，就労のいずれか，またはそれらを併せた形態に参加することを支援するプログラム（17歳まで），12年生修了と同等の資格を得ることを支援するプログラム（15歳から24歳まで），収入保障を必要とする者の教育訓練を支援するプログラム（21歳までを対象とし，12年生までの在籍もしくはそれ相応の資格取得をめざす）もある。これについては，*Ibid*, 18-21に詳しい。
(38) ホバート宣言には，教育の機会均等化の観点から学習上必要となる特別な手立てを講じることも明記されている。ホバート宣言第3項（To promote equality of education opportunities, and to provide for groups with special learning requirements.）を参照。
(39) De Lemos, M. M. (1994) *Schooling for Students with Disabilities: a project funded by the Commonwealth Department of Employment, Education and Training on behalf of the Ministerial Council on Education, Employment, Training and Youth Affairs.* Australian

Government Publishing Service, Canberra, 111-117.
（40）*Ibid*. 119.
（41）*Ibid*. 125.
（42）*Ibid*. 201-202. この頃から，障害のある児童生徒のニーズに対応するうえで「個別の指導計画（Individual Education Plan）」が有効なツールとして普及し始めていた。*Ibid*. 107. を参照。
（43）Elkins, J.（2002）The School Context, Ashman, A. & Elkins, J.（Eds.）*Educating Children with Diverse Abilities*. Prentice Hall, Frenchs Forest NSW, 99.
（44）Commonwealth Department of Education, Science and Training（2005）*Australian Government Programmes for Schools; Quadrennial Administrative Guidelines 2005-2008*. Author, Canberra, 100-111.
（45）連邦教育省による下記のサイトを参照。プログラム再編については，http://smarterschools.gov.au/，国家リテラシー・ニューメラシー診断ツールプロジェクトについては，http://smarterschools.gov.au/national-literacy-and-numeracy-diagnostic-tools-project（2014年5月17日アクセス確認）
（46）Australian Government Attorney-General's Department（2006）*Disability Standards for Education 2005 plus Guidance Notes*. Commonwealth of Australia, Canberra. を参照。
（47）DDAをもって，障害のある児童生徒並びにその家族と教育省が裁判で争う事例は複数あり，現在，「教育における障害基準」の設置から5年が経過したことから，見直しに必要な全国的な状況把握が開始された。これについては，Department of Education, Employment and Workplace Relation（2010）*Review of Disability Standards for Education2005: Discussion Paper*. Commonwealth of Australia, Canberra, 7-8.
（48）Australian Government（2011）*Australian Government Response to the Senate Education, Employment and Workplace Relations References Committee: Report on the Administration and Reporting of NAPLAN Testing*. Author, Canberra を参照。
（49）Department of Education, Employment and Workplace Relations（2012）*Report on the Review of Disability Standards for Education 2005*. Author, Canberra, 25.
2010年も終わる頃，連邦政府は5年ごとの見直しとして，「教育における障害基準」のレビューを開始した。「教育における障害基準」がどの程度認知されているのか，キーワード（たとえば，コンサルテーションや合理的調整など）がわかりやすいものとなっているか，そして実際の教育現場でどう生かされているかといった三つの柱で作業は進められた。本書にかかわっては，児童生徒のニーズ把握が障害種に規定されがちなこと，保障される支援が限定的であること，職業体

験を含む教科外の活動に参加することが叶わない実情があることなどが述べられている。以上から，インクルーシブなカリキュラムの実現が強く求められた。*Ibid.*, 16-17.

(50) Australian Curriculum, Assessment and Reporting Aothority (d) (2013) *Student Diversity and the Australian Curriculum,* Author, Sydney, 10-11.
(51) *Ibid.*, 13-18.
(52) Dudley, J. et al., *op. cit.*, 122.
(53) Ashman, A. et al., *op. cit.*, 113.
(54) Ministerial Council on Education, Employment, Training and Youth Affairs (a) (1994) *National Strategy for Equity in Schooling*. Curriculum Corporation for the Ministerial Council on Education Employment, Training and Youth Affairs, Carlton, VIC, 3-4.
(55) *Ibid.* 4.
(56) Ministerial Council on Education, Employment, Training and Youth Affairs (b) (1996) *National Report on Schooling in Australia 1994*. Curriculum Corporation for the Ministerial Council on Education, Employment, Training and Youth Affairs, Carlton, VIC, 6.
(57) たとえば，学校教育における「公正」の重要性を述べる個所では，競争的環境下にある経済発展を支える才能やスキルのある者すべてを必要とする旨（The nation needs all the talent and skill of the population to support economic growth in today's competitive environment）が記載されている。Ministerial Council on Education, Employment, Training and Youth Affairs (a), *op. cit.*, 3.
(58) Department of Employment, Education and Training (1996) *Commonwealth Programs for Schools: Administrative Guidelines 1996*. Australian Government Publishing Service, Canberra, 60-61.
(59) 「学校から仕事へプログラム」は，2004年から「企業・キャリア教育プログラム（Enterprise and Career Education Programme）」の一部とされた。初等中等教育段階において，「進取の気性（enterprising）」あふれる学校文化の構築から，円滑なトランジションのためのスキル及び態度の育成，キャリア教育の実施などを目的とした予算枠組みである。Department of Employment, Education and Training (2005) *Australian Government Programmes for Schools Quadrennial Administrative Guidelines 2005-2008*. Australian Government Publishing Service, Canberra, 123.

第4章
# 教育以外の分野における障害のある青年のトランジション支援

第1節
## 職業リハビリテーションによるトランジション支援

### 1　連邦社会保障省による取り組み

　教育分野の動きとは異なるところで，連邦社会保障省（Department of Social Security）はトランジション支援を主として就労移行支援として捉え，いくつかの取り組みに着手してきた。これらの動きはのちに教育分野とも密にかかわって，具体的なトランジション支援策を提供していくことになる。

　オーストラリアは1901年に連邦が成立してから，1909年には老齢年金（Aged Pension），1910年には廃疾年金（Invalid Pension）が実現するなど，世界でも先駆けた社会保障システムをもっていた。一方，キャッスルズ（Castles, F. G.）によって「賃金稼得者の福祉国家」と定義されたように，長きにわたり，同国の社会保障の対象は選別的かつ限定的であったこともよく知られている。つまり同国は，労働市場に参入している限りは適切な生活水準を維持できるようにする仕組みをもち，やむなく労働市場から疎外されざるをえなかった者にのみ所得制限をかけたうえで，税財源で所得分配することを主とした仕組みを機能させてきたという。[1]

　西村淳によれば，1912年から1972年までの，とくに長期にわたる保守連立

政権の下では，社会福祉や社会保障のシステムに顕著な進展は見られず，「停滞期」であった。しかし1972年，23年ぶりに労働党のホイットラム（Whitlam, G.）政権が誕生すると，前述の教育分野にとどまらず，社会保障や福祉の分野でも改革が推進された。この時期，連邦政府の権限は強化され，州ごとに異なっていた関連制度は統一されていった。本章では，この動きについて本書に関連する部分のみ整理していく。

同国でリハビリテーションが本格的に開始されたのは，第二次世界大戦後の1947年「社会サービス法（Social Services Act）」によってである。年金や手当を受給する資格のある障害者を主たる対象とし，連邦社会保障省は1948年より連邦リハビリテーションサービス（Commonwealth Rehabilitation Services；以下，CRS）によるサービス受給を認めた。CRSは大規模な病院内でのリハビリテーションを主として提供した。

1950年代初頭からは障害者の家族らによって保護雇用の場がつくられ，1960年代からは，連邦政府もそのような草の根的な動きに対応するようになる。1963年制定の「障害者住居（支援）法（Disabled Persons Accommodation（Assistance）Act 1963）」，それに代わって制定された1967年の「保護雇用（支援）法（Sheltered Employment（Assistance）Act 1967）」，そして同法の1970年改正は，資格ある団体に対して，保護雇用されている障害者，またはそのような機会を探している障害者のための住居施設の設置，また，保護雇用の場の設置への補助，関係するスタッフの給与への補助を定めた。

ホイットラム政権は，社会参加の推進をスローガンの一つとしており，対象を選別して年金や手当を給付するこれまでの在り方を，医療・福祉サービスを広い層に提供する在り方へと転換した。これにより，障害者福祉もこれまでの動きの大半を含み込みつつ，総合的な整備がなされていった。1974年，従来の関連法に代わって新たに制定された「障害者支援法（Handicapped Persons Assistance Act）」では，保護雇用の場や住居施設の提供だけでなく，そのような場においてなされるさまざまな活動や療法，リハビリテーションの補助となるよ

表4-1　1970年代半ばまでの主な障害者関連法規

| 1909年 | 老齢年金（Aged Pension） |
| --- | --- |
| 1910年 | 廃疾年金（Invalid Pension） |
| 1947年 | 社会サービス法（Social Services Act）〜1977年 |
| 1948年 | 連邦リハビリテーションサービス（Commonwealth Rehabilitation Services） |
| 1954年 | 高齢者・障害者ホーム法（Aged and Disabled Persons Home Act）〜1976年 |
| 1963年 | 障害者住居（支援）法（Disabled Persons Accommodation（Assistance）Act 1963） |
| 1967年 | 保護雇用（支援）法（Sheltered Employment（Assistance）Act 1967） |
| 1974年 | 障害者支援法（Handicapped Persons Assistance Act） |

うなレクリエーションを行う団体に対して，国の補助が明記された。補助の対象が幅広くなっただけでなく，補助金レベルをあげるなど連邦政府の貢献度は高まった。

　この法律の下で，継続的なケアを要しない程度の障害者を対象に，個々の生活や仕事にかかわるスキルを高めていくことを目的とする「活動療法センター（Activity Therapy Centre）」が多数設立された。これにともない，従来は保護雇用の場と認識されてきたものの多くが，「活動療法センター」として再分類された。さらに，トランジション支援に直接的にかかわった動きとして，連邦社会保障省自ら職業リハビリテーションによって就労支援を行う「職業準備センター（Work Preparation Centre）」や「職業適応センター（Work Adjustment Centre）」を各地に設置した。これらは，先のCRSによるリハビリテーションセンターとは異なり，対象者も目的もかなり絞り込んだ，当時においては画期的な取り組みであった。

　「職業準備センター」は，いわゆる学習遅進者（slow-learner）といわれる軽度の知的障害を有する学校卒業者を対象に，自立生活と仕事の双方に必要な訓練を総合的に提供する場である。「職業準備センター」は，彼らをそのまま年金生活に移行させず，安定した職業生活が送れるように支援することを目的とし，

学校教育を修了した先の選択肢として位置づけられた。一方,「職業適応センター」は,これまで何らかのリハビリテーション施設にいた障害者を対象に,保護雇用よりも競争的な雇用（competitive employment）の場で働くことを目標として,企業の在り方を模した環境において,集中的に職業スキルを身につける訓練を提供することを目的とした。この頃は,1960年代に注目され始めたウォルフェンスバーガーによるノーマライゼーションの理念を土台として[8],知的障害者の生活環境が隔離的であることや,就労に関しては,一般雇用の率が低く低賃金であることが明らかにされていった時期でもあった[9]。職業リハビリテーションでは,訓練環境と実際の雇用環境のギャップの埋め方や,保護雇用以外の就労形態へのつなげ方が模索されるようになったことがわかる。

## 2　教育分野との連携

以上のように,1940年代から1950年代は保護雇用を主たるゴールとしつつ,リハビリテーションを受けられる障害者の層も限定的であったが,1960年代から1970年代は障害者福祉の総合的整備が進み,リハビリテーション対象者が拡大するとともに,競争的雇用も視野に入れられるようになった。労働市場から疎外された人に年金を給付するに終わらない,労働市場への参入を促す策が積極的に模索されるようになり,同国の社会保障は新たな局面を迎えた。たとえば当時,ニューサウスウェールズ州（New South Wales；以下,NSW）のグランビル（Granville）に設立された「職業準備センター」（グランビル職業準備センター）は,雇用において目に見える成果を出していった。グランビル職業準備センターは,近隣のマッコーリー大学（Macquarie University）と協力関係を築き,職業準備プログラムの検討や,元利用者のその後の追跡調査などを実施してきた。同センターの第1期の利用者たち（1974年から1975年に同センターに通所）を対象にした追跡調査では,1978年の段階で約76％もの者たちが雇用状態を継続できていることが明らかにされている[10]。また,身体的な困難や情緒の困難を抱え,過去に失業状態を経験したことのある軽度知的障害の青年に対しては

とくに，自立生活スキルの訓練プログラムが重要とされ，自己理解や対人関係スキル，自身で行うリラクゼーション，衛生などに関するプログラムの構築が模索されるなどした。同センターは，1970年代に採用された，センターを実際の職場環境に近いものとするなかで必要なスキル獲得に尽力するといったスタイルから，1980年代には，地域に出て実際に職業を体験するなかでスキルの獲得をめざし，具体的な職業とのマッチングをはかっていくモデルへと訓練方法を大きく転換させていくなど，その時々の研究成果を反映させながら取り組みを変化させていった。しかし，1989年，次節で述べる福祉改革によって民営化されることとなる。[11]

1976年から78年までの2年間，連邦雇用・青年問題省（Commonwealth Department of Employment and Youth Affairs）は「中等教育段階における障害のある生徒のための職業体験プログラム（National Employment and Training Work Experience Program for Handicapped Secondary Students；以下 NEAT プログラム）」を実施した。これは，通常通り学校教育を受けつつも，学校生活の週2，3日を完全に職業体験に当てるというものである。ちなみに，NSW におけるプログラム参加者は，州内ですでに何らかの職業教育プログラムを実施している中等学校に在籍しており，フルタイムで障害のない者とともに働くうえでの就労可能性を有していたという。当プログラムは，障害のある生徒が仕事に対する知識やスキルを身につけ，職業選択の幅を広げることや，肯定的な自己概念（self-concept）及び自尊心（self-dignity）を発達させることを目的とした。さらに，雇用者が障害者雇用への意欲を高め，必要な支援について現実的に考えられるようにすることも重要な狙いの一つとされた。参加校は年々増加し，NEAT プログラムは障害のある生徒が生産的かつ経済的に自立（independent）した存在になり得ることを裏づけ，障害のある生徒の保護者が自分の子どもの将来に対して楽観的になりえる可能性を示した，と報告されている。[12] NSW では，州独自の職業体験の実施と NEAT プログラムから，学校と関係機関の連携を円滑にするうえでのコミュニケーション，保護者への十分な情報提供，そして学校カリ

キュラムの見直しが，今後取り組まれるべき課題として認識された。さらにスクールカウンセラーの担う役割の重要性や，職業体験による教員の負担増などの気づきもあった[13]。

　NEATプログラムの実施にともない，さまざまな連携形態が誕生した。たとえば，連邦雇用・青年問題省とNSW教育省の連携がうまれた。個々の学校レベルでは，TAFEとの連携が最も盛んであったと報告されている[14]。また，NEATプログラム後，CRSと連邦社会保障省の連携により，NSWにおいても「職業準備センター」の重要性が教育分野からも把握されることとなった[15]。NEATプログラムは，障害のある生徒のトランジション支援における他機関連携の好例である。就労に向けて学校教育段階から支援を開始し，学校教育修了後の関係機関へのつなぎを円滑なものとすることの重要性が具体例をもって示された。

　職業リハビリテーションにかかわる機関は，アンドリュース（Andrews, R. J.）らによる1979年の障害児教育全国実態調査においてTAFEの重要な連携先の一つとして位置づけられただけでなく，トランジション支援における学校役割を大きく規定した同年のウィリアムズ報告においては，中等教育段階からの連携先として積極的なかかわりが求められるようになるのである[16]。

　前章で述べたように，障害のある生徒のトランジション支援にかかわって，その内容や方法についての教育学的吟味はあまりに不十分ではあったが，障害のある生徒に対するトランジション支援を学校教育段階から開始すること，またその際，学校は他機関連携を進める必要があることなどは，職業体験などをもって認識されていった。NEATプログラムの実施も，障害のある生徒のトランジション支援に対する認識を広めるうえでの大きな契機となり，教育分野において職業リハビリテーションの取り組みとの連携が重視されることとなった。

第 2 節
## 地域を重視する福祉の実現としてのトランジション支援

### 1　ノーマライゼーションに向けた福祉改革とトランジション支援

　経済合理主義的教育改革と同時期の1983年，国際障害者年を受けて，これまでの障害者施策の大幅な見直し（the Handicapped Programs Review）が開始された。これは，オーストラリアではよくみられるような，関係省の諮問機関が大臣に検討結果を報告するという形をとらず，地域サービス省（Department of Community Services）の大臣自らが直々に指揮した肝いりの作業であった[17]。

　この頃，政府がセルフヘルプグループである DPI（Disabled People International）オーストラリア支部への資金援助を決めたことや，地域サービス省が障害者施策見直しに利用者目線に立ったアプローチを主張するアメリカ・オレゴン大学のベラミー（Bellamy, T.）を特別相談役として迎えたことからも，障害者施策見直し作業は，アメリカの自立生活運動からも多大な影響を受けていることは明らかであった。新たな障害者施策の在り方を決定づけた報告書『新たな方向（New Directions）』（1985年）では，改革の基本的なアプローチとして，①制約が最小限の代替案（least restrictive alternative）を出すこと，②改革には利用者の参加（consumer participation）を促すこと，③障害のない人が利用するサービスを修正する形で利用可能なものとすること，以上 3 点が述べられている[18]。

　そして，ノーマライゼーション理念のうえに，サービス利用者がどのような成果を得ることになるのかを見据えたアプローチ（consumer outcomes approach）を普及させるために，さまざまな提案がなされた[19]。そこでは，サービス提供側の観点ではなく消費者としてのサービス利用者個人の観点へ，サービス提供のプロセスではなくサービスによってもたらされた成果へと，施策のパラダイムシフトが要求された[20]。

　利用者が得るべき重要な成果については，以下が説明されている[21]。

① 地域での暮らし（安全かつ健全な住宅環境が地域で保障されること，個々の選択をふまえつつ適した住宅が保障されること，など）
② 有給雇用（仕事から賃金を得られるようにすること，給与額を上げること，一般雇用同様に保護雇用においても最低賃金基準を守ること，職業準備の支援を行うこと，他の職種にチャレンジする機会をもてるようにすること，など）
③ 必要な支援を受けつつ生活していくうえでの主要な行為を満たす能力の獲得（必要なサービスを自律的に活用できるようになること，自信をもつこと，など）
④ 地域への参加（家族その他大切な人々と関係をもつこと，地域の人々とかかわること，地域のリソースを活用すること，など）
⑤ 生活スタイルを脅かされないための安全性の確保（家族が安心して暮らせるようにすること，収入保障，健康保険，など）
⑥ 代替策が幅広く用意されたうえでの選択（特定のニーズをとらえた選択肢を用意すること，選択権を行使する機会を多く保障すること，必要があればアドボカシーの機能なり支援を受けつつ，自分の生活や将来についての重要な選択をする機会をもてるようにすること，など）
⑦ 障害者イメージの変革（社会的に価値ある位置づけを与えられること，障害者個人／障害者全体に対して肯定的なイメージをもてるようにすること，地域が障害者を受け入れること，など）

　これらの実現をめざして，教育に関してはインテグレーションの推進がいわれている。
　また，利用者が得るべき重要な成果の一つとして，有給雇用（仕事から賃金を得る，給与額を上げる，一般雇用同様に保護雇用においても最低賃金基準を守る，職業準備の支援を行う，他の職種に挑戦する機会をもつ，など）が挙げられていることは，障害のある生徒のトランジション支援にも影響を与えていくこととなった。本書にかかわって，これまでは保護雇用の場の少なさが主たる課題とし

て挙げられることが多かったというが，ここでは保護雇用の作業内容に易しすぎるものが多いことや，前章で述べた「活動療法センター」の取り組みとの違いがわかりにくいこと，そして低賃金であることが問題点として挙げられた。そして，障害のない人との統合された場を柔軟的につくっていくことを含め，より競争的な就労機会を提供する必要を述べ，雇用者に障害者を雇用するためのインセンティブが欠如していること，障害年金が就職の動機を弱めていること，職場での継続的支援や関係者の訓練が不足していることなどを課題とした。そして，関係各所に職場開拓，職場安全，賃金アップ，最低賃金の保障，専門家からの支援や必要となる訓練の提供などを求めたのである[22]。

　この報告書を受けて，1974年の「障害者支援法」に代わって制定されたのが，「障害者サービス法（Disability Services Act；以下 DSA）」（1986年）である。DSA は，障害者がオーストラリア社会へ参加するための機会の拡大をねらったもので，コンウェイ（Conway, R. N. F.）によれば，障害者に他のオーストラリア市民と同等の人権を保障するという理念に裏打ちされている[23]。

　DSA はサービスの範囲を，①生活の場における支援，②権利擁護活動，③一般雇用を促進するための訓練・就職の斡旋，④自立生活訓練，⑤情報提供，⑥障害者向け印刷物，⑦レクリエーション，⑧援助付き雇用，⑨レスパイトサービス，⑨発展的な研究や活動への助成とした[24]。

　ボーメとケイ（Baume, P. and Kay, K.）は，以上のような広範な内容を利用者の権利を重視した地域居住型の新しいサービス形態であるとし，DSA によってそれが導入，制度化されたことを評価する[25]。ベラミーは，DSA が就労形態に援助付き雇用を含めたことから，サービス利用者のスキル獲得の程度というよりもむしろ，サービス利用者の満足感や生活スタイルを重視しているとして，DSA を障害者の「参加型理論（participation paradigm）」にもとづいたものと捉えた[26]。

　DSA においてとくに重視されたのは，「一般雇用を促進するための訓練・就職の斡旋」と「援助付き雇用」である。前者は，中等教育や職業訓練段階から

有給雇用へのトランジション支援を意味する。後者は，競争的な労働状態がふさわしくないと思われる障害者や，障害故に継続的な援助が必要な者を対象にした有給雇用援助のサービスとして定義づけされた。このように DSA は，障害のある生徒の学校教育修了後の選択肢は伝統的な保護雇用や「活動療法センター」に限定すべきではないという考えと，そのためのトランジション支援の重要性を明確に打ち出した。実際には，保護雇用を全廃するということはせず，保護雇用を一般雇用や援助付き雇用への移行段階として位置づけ，活用するという道筋をたてた。パーメンター（Parmenter, T. R.）によれば，DSA は学校教育からその後の生活へのトランジションの重要性についてふれた初めての法律であるという。[27]

## 2　障害を理由とした差別の禁止

　DSA に対しては，前述のような評価の一方で批判も寄せられた。[28] DSA はそのサービスの種類から，すべての障害者がサービスの対象者になりえず，サービス利用者の障害種や原因を限定しているといった批判。また，サービス提供者や連邦政府がサービス利用者からの不満に十分に応えることが明記されていないため，行政やサービスの在り方が改善される保障がないといった批判もある。先のベラミーは「参加型理論」において，たとえば，障害者が生活や就労の場でどの程度の選択権をもっているのか，また，働く権利を行使するために，公的私的機関や雇用者は障害者に適した目標を設定しているかなど，障害者の多様な権利がいかに保障されているのかを問う必要性を説いている。[29]

　これまで，各州が先だって差別禁止の法律を施行してきたが，1990年代はそのような蓄積をふまえ，連邦政府レベルでも障害者差別禁止の枠組みがつくられていくこととなった。まず1992年，「障害者差別禁止法（Disability Discrimination Act 1992；以下 DDA）」が制定された。障害を理由とした差別を禁止することで，DSA の実現を支える構造となっており，先の DSA に対する批判にも[30]一定程度応えうるものとなっている。[31]

DDAは，①就労（職探しから賃金保障まで），②教育（学校，大学，その他のカレッジへの入学時など），③公共及びそれに準ずる機関へのアクセス，④物品及びサービスの供給，⑤生活の場（部屋を借りるときやすでに借りている状況下など），⑥土地の購入（家の購入時や場所選びなど），⑦クラブ活動（入会時やすでにメンバーになっている際の処遇など），⑧スポーツ（何かスポーツをしたいときやすでにしているときの処遇など），⑨連邦政府の法律及び施策（行政に関する情報提供や投票制度など），以上九つの領域において差別を禁止している。

　対象は障害者，過去に障害のあった者，将来的に障害者になる可能性のある者（たとえば家族のなかに障害者がいるため，遺伝の可能性がある場合），障害があると思われる者（エイズなど）に加え，家族をはじめとする関係者も含まれている。エイズ，アルツハイマーを含む認知症，がん，一時的なアレルギー疾患も保護の対象となる。また，車椅子や補聴器等といった「症状の緩和や治療を目的とした道具や補助具」を利用している者や，「手話通訳者，音読者，介助者」と同行している場合，「盲導犬，聴導犬及びその他訓練を受けた動物」を所有または同行している場合，これらを理由に不当に扱われることも障害にもとづく差別の一つとされる。(32)

　ここで規定されている差別には，直接差別と間接差別がある。前者は，障害があるために障害のない人とは異なる設備やサービスが求められることを理由として，障害者を不利に扱うことを指す。後者は，障害のない人向けに設定された条件，障害者に適さない条件を課すことによって，障害者を不利に扱うことを指す。(33) 間接差別の条項を根拠に，雇用者やサービス提供者が「合理的調整（reasonable adjustments）」を行うことは，義務とされている。一方，要求される「合理的調整」が「合理的」ではないと判断される場合の「過度な負担（unjustifiable hardship）」については，関連するすべての人々に生じうる利益や損失，関連するすべての人々への障害の影響，雇用者側の財政状況や求められる費用などを考慮して判断すべきことが述べられている。(34)

　同法はその趣旨を徹底させるとともに，同法では網羅されていない部分を補

完するために，法務省が雇用，教育，公共交通サービス，土地建物へのアクセス，住居，連邦政府による法施策の実施の6領域ごとに「障害基準（Disability Standards）」を設定することを認めている。法務省はこれらの「障害基準」に実行力をもたせるとともに，連邦議会の下，5年以内に見直すことができる[35]。「障害基準」は領域ごとに異なる差別形態や配慮（合理的調整）の仕方を明記しており，それに反することは法律違反となる。しかしながら各種の「障害基準」はあくまでも障害者一般に対しての最低限の基準であり，「合理的調整」の在り方に大きくかかわりはするが，それを明確かつ具体的に示しているわけではない。「合理的調整」は非常に個別性の高いものであり，「過度な負担」は個別ケースにおけるバランスのなかで決まるからである。「障害基準」は，関係者間で幾多にもわたる議論を経て策定されるが，各々の利益や損失がかかわるため，策定は容易に進まない。教育や公共交通サービスのように，すでに機能しているものもあるが，雇用についてはいまだ策定段階にある[36]。

2005年に策定された「教育における障害基準」は，障害児者の能力や教育にかかわる選択の在り方について，ステレオタイプ的な信念からくる差別を克服し，他の者と同等の教育の権利を保障することを目的とする。そのため，教育及び訓練提供者が果たすべき義務（何らかの変更や配慮）を，以下のように整理している。

① 就学についての基準（就学先の選択と決定について）
② 参加についての基準（教育機関の施設設備やサービスへのアクセスについて）
③ カリキュラムの発展や認定・実施についての基準（教育内容，評価，資格取得について）
④ 児童生徒への支援サービスについての基準（その他の子どもと同等に学校教育活動に参加するため，もしくは教育機関が提供できないサービスを得るための専門的サポートについて）
⑤ 嫌がらせと虐待についての基準（障害児者やその関係者に対して嫌がらせや

虐待をしてはならないことを教育機関内に周知し，それが起こってしまったときには適切な対処をすること，また，嫌がらせや虐待を受けた障害児者及びその関係者からの不満を聞くシステムをつくること）

　教育における「合理的調整」の内容は，たとえば，障害児者がアクセスしやすい学校・教室環境にするとか，試験や授業の方法を工夫するなど，五つの柱ごとに考えられるが，障害児者の学習ニーズと，障害児者，教育及び訓練提供者，スタッフ，その他の児童生徒を含め，すべての関係者の利益のバランスを考慮して決定されるため，事細かに示されているわけではない。その者の障害の特質，その者に適した調整内容，その者に対して以前に行われた調整内容，そして，提案されている調整内容もしくは代替的な調整内容が，重要な検討要件とされている。一方，「合理的調整」の名の下で教育機関に多大な負担がかかっていると判断される場合は「過度な負担」に相当し，障害児者本人と相談しながら配慮のあり方を考え工夫していくことや，地域の専門家に相談するといった手立てをとることが求められている。

　障害のある生徒のトランジションにかかわっては，まずは，学校教育や職業教育訓練が該当する「教育における障害基準」を考慮した取り組みが重要ながら，雇用される先に関する「雇用における障害基準」の早急な策定と機能が必要といえる。

## 第3節
## 失業対策及び高齢化対策としてのトランジション支援

### 1　福祉に頼らない失業対策

　1991年,「連邦・州政府障害協約（Commonwealth/State Disability Agreement）」（2002年からは「連邦・州・直轄区政府障害協約（Commonwealth State/Territory Disability Agreement）」）が連邦政府と各州の間で結ばれた。これは障害者サービス

に関する連邦政府と州政府の責任の所在を合理化する試みである(38)。ここから概括的には，就労支援サービスは連邦政府の責任，生活環境の整備や生活支援サービスは州政府の責任とされた。

　1995年のボーメらによる連邦政府の障害者サービスに関する報告書『実行可能な解決策（Working Solution）』は，DSAによる障害者施策のパラダイムシフトについての理解が各州や関係機関によってまちまちなことや，それによる予算配分の混乱を課題として，連邦政府による障害者サービスを就労に関するものに改めて限定し，成果（performance）を重視した予算配分の在り方を提言した(39)。

　この報告書の提言は，この頃の厳しい経済情勢に対応するために，サービス対象者を制限して，ニーズのあるところに手厚く支援するといったサービスの厳格化がめざされるようになった方向性とも合致していた(40)。そして，障害者に対しては雇用に向けた努力を強調し，そのような努力をなえさせない年金や手当のあり方が求められるようになった(41)。このようにとくに1990年代半ば以降は，1980年代の福祉改革を受けて学校からの就労移行支援の必要性が認識されるにとどまらず，なかなか回復しない経済状況への対応として，学校に続く関係機関でも，就労が具体的な成果として求められるようになった。つまり，トランジション支援は失業対策としての意義が認められ，障害のある生徒もその対象となっていったのであり，その経緯を以下にまとめる。

　DSAやDDAを引き継ぎながらも，保守のハワード（Howard, J.）政権が誕生した1996年以降は，失業対策のさらなる効率化がはかられ，障害を問わずすべての求職者の窓口を一本化，そこから必要があれば「連邦・州政府障害協約」の下での資金供給による障害者支援を専門としたサービスにつなぐ流れがつくられた(42)。2000年代に入ると，経済がもち直し失業率が徐々に低下していったことを理由に，連邦政府は1970年代から増加の一途をたどってきた生活保護受給者について懸念し始めた。とりわけ，ひとり親家庭と障害者の失業率がなかなか低下しないことが問題視されるようになった。当時のオーストラリ

アにおける未就労世帯の割合は，OECD平均6％を大きく上回る14％と加盟各国に比べても高かったうえに，就労可能な年齢で生活保護を受けている260万人のうち，積極的に仕事を探しているのは15％に過ぎないという現状があった。

そこで政府は，高齢化により就業人口の減少が予想されるなかでも現在の生活水準を保持するために，持続可能な福祉システムの構築に向けて就業人口を増加させ，福祉依存を減少させる必要性を訴えた[43]。そして2006年，「福祉から雇用へ（Welfare to Work）」改革に着手した。ここでのキーワードは自律（self-reliance）であり，パートタイムも積極的に視野に入れ，職に就くための取り組みを推進することとした。改革内容の特徴は，フルタイムかパートタイムかを問わず，就労可能な場合は求職活動を義務とすること，就労可能な者への支払いは年金としては行わないこと，雇用者に向けた支援を充実させることなどであった[44]。

障害者に関しては，まず，障害年金（Disability Support Pension）受給対象（16歳以上）に限定をかけることになった。従来，障害年金受給者は一度受給が決定されれば求職活動の義務は課されなかった。しかしこの改革では，1週間当たり15-29時間働くことのできる障害者においては，パートタイムでの求職活動が義務づけられ，障害年金ではなく，就労移行支援の枠組みにおいて一定程度の手当が支給されることとなった[45]。そのため，就労移行支援の観点から，リハビリテーションも含め訓練の場を増やすことなどが述べられた。

就労支援策には大きく二つの枠組みがつくられた。まず，21歳以上で有給の職を探しており，いわゆる年金受給資格年齢（性別や地域にもよるが，おおむね65歳）に達していない者を対象として，ボランティアや職業リハビリテーション，職業教育訓練，リテラシーやニューメラシーを高めるためのプログラムなどの認定された活動に最大1年間参加することを条件に，収入状況をふまえ，一定額が支給される仕組み。そして，16歳から20歳までの有給の職を探している者を対象に，認定された活動への参加はもちろん，後期中等教育修了資格

表4-2　1980年代からの主な関連動向

| 1986年 | 障害者サービス法（Disability Services Act） |
|---|---|
| 1991年 | 連邦・州政府障害協約（Commonweralth/State Disability Agreement） |
| 1992年 | 障害者差別禁止法（Disability Discrimination Act）<br>第2期　連邦・州政府障害協約　～1997年 |
| 1997年 | 第3期　連邦・州政府障害協約　～2002年 |
| 2002年 | 第4期　連邦・州・直轄区政府障害協定　～2007年 |
| 2005年 | 教育における障害基準（Disability Standards for Education 2005） |
| 2006年 | 福祉から雇用へ改革（Welfare to Work） |
| 2008年 | 障害者権利条約批准 |
| 2009年 | 国際障害協約（National Disability Agreement） |
| 2010年 | 国家障害戦略（National Disability Strategy） |
| 2012年 | 国家障害保険制度（National Disability Insurance Scheme） |

やそれ相応の資格取得を奨励する仕組みである。しかしこの改革からは，期待されたほどの効果（雇用率の改善）は得られなかったという。

## 2　高齢化への対応とソーシャル・インクルージョンの推進

2007年に労働党が政権を奪還してからは，社会の高齢化における持続可能な福祉の模索とともに，翌2008年の障害者権利条約批准を契機として，障害者施策の大幅な見直しが開始された。したがって，ソーシャル・インクルージョンが重要なキーワードとされた。これまでの「福祉から雇用へ」といった直接的な言い回しはされなくなったが，ソーシャル・インクルージョンという方向性のもとに，就労移行支援に注力する姿勢は継続された。

まず，従来の「連邦・州・直轄区政府障害協約」に代わり，2009年に「国家障害協約（National Disability Agreement）」が制定された。ここで連邦政府と各州は，ともにソーシャル・インクルージョンに向けて，通常の場において（mainstream），サービス利用者の立場に立った（person-centered approach），ニーズに合致した支援をタイムリーに提供すべきことを確認した。これをふまえ，2010年には「国家障害戦略（National Disability Strategy）」を策定し，2020年までの戦略として，社会のあらゆる場面でインクルーシブな機会がもてるようにすること，障害者の権利について啓発を促すこと，障害者やその家族並びに介助者の経済的安定を保障すること，障害者がニーズに合ったインクルーシブで質の高い教育システムに参加できるようにすることなどが，政策の方向性として示された。そのなかでトランジション支援については，学校から就労へのトランジションも含め，あらゆる段階で起こりうるトランジションの計画と支援にかかわる実践を高めていくことが述べられている。

　これまでの障害協約においても，通常のサービス（generic services）の保障や，障害者本人，家族，介助者を力づけること（strengthening），長期のスパンで支援を整えることなどは共有されてきたため，上記の項目すべてが新しいわけではない。しかし，社会の高齢化に備える必要性が強調されたこと，そして，障害のある当事者からの意見が障害者施策内容の策定にこれまで以上に生かされていること，その結果として，ソーシャル・インクルージョンが支持されたことは注目に値する。このあたりを，以下に整理する。

　まず高齢化についてであるが，連邦家族・住居・地域サービス・先住民問題省（Department of Families, Housing, Community Services and Indigenous Affairs）の障害に関する検討委員会（Disability Investment Group）は，新たな障害施策の方向性を『オーストラリア障害者施策の新たな枠組み（The Way Forward: a new disability Policy Framework for Australia）』（2009年）において提案した。ここでは高齢化社会を見据えて，人生を見通した（life course perspective）アプローチ（a lifetime care and support）の必要性が指摘され，すべてのオーストラリア人を対象

とした保険の導入や収入保障にとくに焦点が当てられている。障害者を含めすべての人を対象にすることで長期にわたる安定した支援の財源を確保し，各々の人生に備えていくことを前提としたうえで，障害者が人生を自ら管理し，最大限自立し，地域により貢献していくための支援内容を構築しようとしている。[53]

このような考えを受けて，2011年には，オーストラリア政府に対して，福祉に影響を与える経済，社会，環境といった事柄の調査及び提言を行う生産性審議会（Productivity Commission）が『障害者へのケアとサポート（Disability Care and Support：Productivity Commission Inquiry Report）』をまとめた。ここでは，新たな障害者施策として「国家障害保険制度（National Disability Insurance Scheme；以下，NDIS）」が提案され，2012年より実施されている。NDISは，オーストラリア人口の内，とくに長期にわたる支援ニーズの高い人々約41万人への支援を目的としている。そして，長期にわたって個々のニーズに応じた支援が提供されるような仕組み（a life time approach），利用者が支援の選択と管理をする仕組み（choice and control），地域で可能性を最大限に開花させながら意義ある生活を送ることができる仕組み（social and economic participation），機能低下がみられた際の早期からの対応に焦点を当てた仕組み（focus on early intervention）の構築をめざしている。[54]支援内容は生活場面すべてがかかわり幅広いが，[55]援助付き雇用と就労支援プログラムは一つの柱となっており，社会や経済活動への参加形態として重視されている。[56]障害者の希望やニーズの尊重（person-centered approachの徹底），賃金保障や労働環境の整備なども併せて実施し，援助付き雇用と一般雇用の行き来が柔軟にできるようにすることもめざされている。また，障害者が他のオーストラリア人と同様に，職業生活に対して準備をしておくことも求められている。[57]つまり，障害者の多様な就労の在り方を認め，職業生活に向けた準備を含むニーズに即した支援の重要性を認めている。「国家障害戦略」もふまえれば，インクルーシブな社会の形成及び参加に向けて，障害のある生徒のニーズに即した学校における就労移行支援が大きな意味

をもつことは明らかである。

　続いて，障害のある当事者の声を大切にすることについてであるが，連邦家族・住居・地域サービス・先住民問題省の障害に関する検討委員会による報告書『シャットアウト～オーストラリアにおける障害者とその家族の経験（Shut Out: the experience of people with disabilities and their families in Australia)』(2009年）では，生活，就労，教育，建物環境，社会的排除等といった幅広い領域の経験に関して寄せられた750もの意見書と，コンサルテーションに参加した2500名の意見がまとめられ，これまでの障害者施策の不備が洗い出されている。全体として，ソーシャル・インクルージョンが進んでいないことが明らかにされており，就労に関しては，主として障害者自身が満足できる就労先が十分にないことが指摘され，教育に関してはインクルーシブ教育における教員の力量不足が指摘された。ちなみにここでのインクルーシブ教育の定義は不明であるが，通常学級に在籍した際の支援の不備に関するコメントが多く寄せられた。この流れは，ナショナル・カリキュラムにもかかわるが，これについては第3章を参照されたい。

　このように，近年は高齢化対応に加え，ソーシャル・インクルージョンを謳い，障害のある当事者の声からもその動向が支持されているとするなかで，教育にとどまらず関連分野においても，就労移行を中心としたトランジション支援の重要性が改めて指摘されていることがわかる。

## 小括

　デイビス（Davis, L.）によれば，障害者は高齢者や何らかの病気をかかえる患者などと同様に，仕事を免除される一カテゴリーとして行政的に認知され，歴史的には福祉の対象者としてのみ位置づけられてきた。そして，福祉と密接な関係にある彼らは，賃金労働を最重視するモラルの外に置かれ続けてきたという。このような状況に学校教育の外で風穴をあけたのは，1970年代からの職業リハビリテーションによる就労移行支援であった。自立生活と就労に求め

られるスキルを実際的に獲得していくための取り組みは，同国において，ノーマライゼーションの実現において先駆け的な取り組みとして位置づけられていた。

　1980年代に入ると従来の施設中心，保護雇用中心から地域重視，援助付き雇用並びに一般雇用の重視へと転換を果たした障害者施策は，必然的に就労移行支援を課題とした。そして1990年代には，連邦政府と各州が障害者への支援内容を整理し，協働していく体制が構築されるとともに，障害を理由とした差別の禁止を法制化させ，ノーマライゼーションを実質的なものにする道筋を整えていった。加えてトランジションにかかわっては，西村が指摘した「社会保障政策と労働政策の『統合』」がみられ，雇用へのインセンティブを高めながら社会保障を維持するために，失業対策としての就労移行支援が強調された。2000年代には高齢化社会に備えた持続可能な福祉の実現を目的として，「福祉から雇用へ」改革が実施された。ここには，就労移行支援に一層注力することで，障害年金受給を減少させるというわかりやすい狙いがあった。この改革は，1980年代に描かれた「生産的」な存在としての障害者像と，それに向けた就労移行支援の積み重ねがあったからこそ可能となったと考えられる。

　その後の労働党政権下では，高齢化社会への備えに加え，障害者権利条約の批准を背景に，障害のある当事者の実際の意見から明らかとなった障害者施策の不備に対する見直し作業が国家協働の枠組みをもって開始された。これはインクルーシブな社会の形成，つまりソーシャル・インクルージョンを一大スローガンとして，人生という長いスパンを視野に，通常の場における多様性の尊重を，教育においても福祉においても実現するための全体的な見直し作業である。したがって「国家障害戦略」では，1980年代の改革時に比べて，教育に対しても踏み込んだ提言がなされており，トランジションにかかわってはそれを広義のものとして捉えつつも，改めて，学校における就労移行支援が強調されている。

　このように国際動向にとどまらず，社会経済からの要請を強く受け，失業対

策や高齢化対策といった観点が付け加えられながら，障害のある生徒のトランジション支援，とりわけ就労移行支援に根拠が与えられてきたことがわかる。

注

(1) 西村淳（1999）第11章　社会保障・社会福祉の歴史と現状．小松隆二・塩野谷祐一編，先進諸国の社会保障②　ニュージーランド・オーストラリア．東京大学出版会, 207-208.
(2) 同上．
(3) Parmenter, T. R.（1980）*The Granville Work Preparation Centre Research and Development Project*. Author, Granville, NSW, 5-8. CRS は，日常生活スキルから職業スキルまで，幅広いリハビリテーションに対応した。「社会サービス法」はその後改訂され，いくつか条件をともないつつも14歳から男性65歳，女性60歳までと，リハビリテーションを広く労働人口に開くようになった。
(4) 国際社会福祉協議会日本国委員会（1981）世界の社会福祉．全国社会福祉協議会, 212-213. 就労目的以外で生活施設を規定した法律としては，「高齢者・障害者ホーム法（Aged and Disabled Persons Home Act）」がある。同法は，1954年から1976年にかけて機能した。これについては，210-212. を参照のこと。
(5) 前掲（1），208-209.
(6) Parmenter, T. R., *op. cit.,* 5-8.
(7) アデレードの職業準備センターは，OECD/CERI の報告書にも紹介された。これについては，OECD/CERI（1986）*Young People with Handicaps : the Road to Adulthood*. Author, Paris, 41.
(8) 平田（天野）マキ（1999）第15章　障害者福祉．小松隆二・塩野谷祐一編，先進諸国の社会保障②　ニュージーランド・オーストラリア．東京大学出版会, 290.
(9) Tuckerman, P.（1993）*Jobsupport*. Australian Government Publishing Service, Canberra, 1-2. また，アシュマンによれば，クィーンズランド州では1970年代半ばから，NSW では1980年代初めに脱施設化運動が起こったという。これについては，Ashman, A. F.（1989）Change and Disability Services in Australia: a Ten Year Retrospective. *Australia and New Zealand Journal of Developmental Disabilities*, 15（2），76.
(10) The Granville Work Preparation Centre（1979）*The Granville Work Preparation Centre Research and Development Project*, Macquarie University, Sydney, 3.
(11) Parmenter, T. R., Riches, V., Watters, M. and Mattock, D.（1992）*Work Experience*

*Programs for Students with Disabilities in the 1990s: Recommendations.* Macquarie University, Sydney, 2.
(12) NEATプログラムについては，Commonwealth Schools Commission（1980）*The Education and Training of Handicapped Adolescents and their Transition to Adult Society: Policies and Practices in Australia.* Author, Canberra, 9-14. に詳しい。
(13) *Ibid.*, 11-14.
(14) *Ibid.*, 60.
(15) *Ibid.*, 95.
(16) Committee of Inquiry into Education and Training（1979）*Education, Training and Employment: Report of the Committee of Inquiry into Education and Training.* vol.1, Australian Government Publishing Service, Canberra, 652-653.
(17) Handicapped Programs Review（1985）*New Directions: Report of the Handicapped Programs Review.* Australian Government Publishing Services, Canberra, 4.
(18) *Ibid.*, 3-4.
(19) *Ibid.*, 13.
(20) Baume, P. and Kay, K.（1995）*Working Solution: Report of the Strategic Review of the Commonwealth Disability Services Program.* Australian Government Publishing Services, Canberra, 1.
(21) Handicapped Programs Review, *op.cit.*, 13-18.
(22) *Ibid.*, 34-35.
(23) Conway, R. N. F.（1992）Disability and Legislation: the Relationship between Changing Policy and Changing Practices. *Australia and New Zealand Journal of Developmental Disabilities*, 18（2）, 66-67.
(24) Rose, A.（1998）Australian Law Reform Commission Review of the Disability Services Act 1986（Cth）. In M. Hauritz, C. Sampford and S. Blencowe（Eds.）, *Justice for People with Disabilities.* The Federation Press, Annandale, NSW, 87.
(25) Baume, P. et al., *op. cit.*, 25-26.
(26) Bellamy, G. T.（1998）the Braid of Progress: People with Disabilities and Modern Societies. In M. Hauritz, et al.（Eds.）, *op. cit.* 10-11.
(27) Parmenter, T. R.（1990）The Transition of Young People with Disabilities from School to Work and Adult Living. *Australian Journal of Special Education*, 14（1）, 21.
(28) Rose, A. In M. Hauritz, et al.（Eds.）, *op. cit.* 98-99.
(29) Bellamy, G. T., *op. cit.* 29.
(30) Healy, J.（Eds.）（2000）*Disability and Discrimination: Issues in Society.* 127, the Spinney Press, Balmain, NSW, 15.

（31）オーストラリア人権委員会（Australia Human Rights Commission）が苦情処理や法的手続きにあたる。Australian Human Rights Commission（2011）*Annual Report 2010-2011*. Author, Sydney, 35-41. 並びに，山中冴子（2009）第4部第2章オーストラリア　3　障害を理由とする差別に対する保護・救済・推進のための組織．及び，4　障害を理由とする差別に対する保護・救済の仕組み．内閣府，障害者の社会参加推進に関する国際比較調査研究　調査報告書, 356-365. を参照．
（32）竹田紘子（2009）第4部第2章オーストラリア　1　障害者に対する差別禁止に係る法制度．内閣府，同上, 342-345.
（33）同上．
（34）同上．「合理的調整」は，障害者権利条約の「合理的配慮」と同義である．
（35）山中冴子（2009）第4部第2章オーストラリア　2　障害者に対する差別禁止に係る法制度に基づくガイドライン等について．内閣府，同上, 345-356.
（36）2010年からの1年間に寄せられた苦情のうち，雇用に関するものは約3割に上る。Australian Human Rights Commission, *op. cit*., 113.
（37）本節において「各州」には，直轄区も含むものとする．
（38）「連邦・州政府障害協約」は，1992〜1997年，1997〜2002年，2002〜2007年（ここでは，「連邦・州・直轄区政府障害協約」となる）と5年ごとに国家協働の在り方を見直し，説明責任を強化してきた。ここでカバーされるサービスは，①グループホームや施設などの住居の保障，②施設外の地域活動支援，③学習・レクリエーション・余暇等の活動を含む地域アクセス支援，④レスパイトの支援，⑤雇用支援，⑥アドボカシー・情報・広報の支援，以上5領域であった。詳しくは，Australian Healthcare Associates（2007）*Commonwealth State Territory Disability Agreement Annual Public Report 2005-2007*. Australian Government Department of Families, Community Services and Indigenous Affairs, Canberra, 5-9.
（39）Baume, P. et al., *op. cit*., 9-16.
（40）1980年代後半からの社会保障政策と労働政策の「統合」については，前掲（1），211-212. を参照。
（41）同上．
（42）髙木邦明（2005）オーストラリアの障害者福祉．相川書房, 73.
（43）Commonwealth of Australia, Attorney General's Department（2005）*Welfare to work: Budget 2005-2006*. Commonwealth of Australia, Canberra, 3.
（44）*Ibid*., 5.
（45）その他，求職や通勤，訓練など，承認された活動への参加に際して公共交通機関が使用できない場合の「移動手当（Mobility Allowance）」などもある。
（46）現在の障害のある求職者への支援については，連邦ヒューマンサービス省

（Department of Human Services）の以下のサイトに詳しい。
http://www.humanservices.gov.au/customer/subjects/disabled-ill-or-injured-and-looking-for-work （2014年5月17日アクセス）

(47) 2009年時点で，障害者雇用率のOECD平均60％のところ，オーストラリアは約50％であった。また，貧困もしくはそれに近い状態で暮らす障害者の割合は，OECD平均22％のところ，オーストラリアは45％にも上った。これについては，Pricewaterhouse Coopers (2011) *Disability Expectations: Investing in a better life, a stronger Australia.* Author, Canberra, 9.

(48) Council of Australian Government (2011) *National Disability Strategy: An initiative of the Council of Australian Governments.* Commonwealth of Australia, Canberra, 191.
重度から最重度の障害者は，この先40年間で現在の140万人から290万人に増加すると見込まれている。そして，この先50年間で，家族などの親族間での介助者数は半減すると予想されている。

(49) 「国家障害協約」は2009年に各州の政府により署名され，2012年に改訂された。「国家障害協約」については，家族・住居・地域サービス・先住民問題省の以下のサイトを参照。http://www.fahcsia.gov.au/our-responsibilities/disability-and-carers/program-services/government-international/national-disability-agreement （2014年5月17日アクセス）

(50) Council of Australian Government (2011) *National Disability Strategy: Summary Document.* Commonwealth of Australia, Canberra, 2-13.
より具体的には，ユニバーサルデザインの普及，「障害基準」の徹底，雇用者の意識改革，新たな障害者雇用形態の開発，住宅供給事情の改善，早期教育，教員の質の確保，新たな学習戦略の開発，ユニバーサル・ヘルス・ケアの模索等が記載されている。

(51) *Ibid.*, 11.

(52) Disability Investment Group (2009) *The Way Forward : a new disability Policy Framework for Australia.* Department of Families, Housing, Community Services and Indigenous Affairs, Greenway, ACT, 13-14.

(53) *Ibid.*

(54) NDISについては，政府による以下のサイトを参照されたい。http://www.ndis.gov.au/people-disability （2014年5月17日アクセス）

(55) Australian Government Productivity Commission (2011) *Disability Care and Support: Productivity Commission Inquiry Report Executive Summary.* Author, Canberra, 6-7.
支援内容の柱は以下のとおりである。

①　補装具，コミュニケーション支援機器を含む支援機器，車両改造
　②　身だしなみ，衛生，飲食，移動，健康維持などのパーソナルケア
　③　継続教育，娯楽，レジャー等の生活領域に必要なスキルの発達を通した地域アクセス
　④　レスパイト
　⑤　グループホームその他の生活の場の確保
　⑥　外出の支援（近所への買い物等）
　⑦　タクシーなど移動手段にかかわる支援
　⑧　援助付き雇用と，就労支援プログラム
　⑨　作業療法，理学療法，カウンセリング，行動をコントロールする支援
　⑩　地域での活動を拡大していくためのケースマネージメント
　⑪　緊急時対応
　⑫　盲導犬や介助犬にまつわる支援

（56）Department of Families, Housing, Community Services and Affairs (2012) *Inclusive Employment 2012-2022 : a vision for supported employment*. Author, Canberra, 6-10.

（57）*Ibid*. 9. ちなみに，1993年から2009年までのオーストラリアにおける障害者雇用率（パートタイムを含む）は，50％ちょっとと大きな変動はない。一方障害のない者の雇用率は10％ほど上昇している。これについては，オーストラリア統計局（Australia Bureau of Statistics）による以下のサイトを参照。http://www.abs.gov.au/AUSSTATS/abs@.nsf/Lookup/4102.0Main+Features40March+Quarter+2012（2014年5月17日アクセス）

（58）National People with Disabilities and Carer Council (2009) *Shut Out: the experience of people with disabilities and their families in Australia*. National People with Disabilities and Carer Council, Department of Families, Housing, Community Services and Indigenous Affairs, Canberra, 38-42.

（59）*Ibid*., 46-51.

（60）Davis, L. (1998) Rights Replacing Needs: a New Resolution of the Distributive Dilemma for People with Disabilities in Australia?, In M. Hauritz et al. (Eds.), *op. cit.*, 15-27.

# 第5章
# ニューサウスウェールズ州におけるトランジション支援

## 第1節
## 障害児教育の動向

### 1 インテグレーション・インクルージョンに向けて

　ニューサウスウェールズ州（New South Wales；以下，NSW）では，障害のある児童生徒に対する教育は民間の慈善団体が主に担ってきた時代を経て，1970年代に州による教育保障の責務が確認されて以降，分離教育形態を主とした教育保障が進められてきた(1)。しかし，第2章でふれたアンドリュース（Andrews, R. J.）らによる全国調査（1979年実施）においても指摘されているように，通常学級に障害のある児童生徒が在籍するケースはこの頃からすでにみられた。1980年代からはカーメル報告や連邦学校審議会の提言に加え，マクレー（McRae, D.）によれば，アメリカの「全障害児教育法（Education for All Handicapped Children Act）の影響も多分に受けた結果(2)，インテグレーションはNSWにおいても中心的な施策課題となった。NSWにおいて，インテグレーションに関する1980年代以降の各種文書に共通する原則としては，以下が列挙できる(3)。

① 可能性を最大限に伸ばすための適切な教育を受ける権利があること
② 中心に置くべきは子どもの発達的ニーズ（developmental needs）であること

③ 就学前の早期介入（early intervention）が重要であること
④ 障害にかかわる技術，診断，教授技術，各種療法，学校と保護者の協力関係などについて，最新の動向をふまえる必要があること
⑤ 教員養成と現職教員教育が重要であること
⑥ 保護者の参画が必要であること

つまりNSWは，インテグレーションの名の下に教育の場の統合を強力に推し進めることはせず，子どものニーズを尊重し，多様な教育の場（障害児学校，障害児学級，通常学級での支援）で，それぞれの支援の可能性には幅があるものの，障害のある児童生徒に対する教育を保障する方向を採用したといえる。

連邦政府からの助成に加え，1985年から州としても中度から重度の障害の診断がつく児童生徒を対象としたインテグレーションの実施に対する助成が開始された。その結果，1988年から1995年までの間に，障害児学校在籍者は30％減少した一方で，障害児学級や通常学級在籍者が増加，とくに，通常学級在籍者は約4.5倍増えた。

「特殊教育計画1988-1992（Special Education Plan 1988-1992）」においては，障害児教育専門のセンター（Special Education Support Centre）の設置，インテグレーションの支援を専門とした教員及び教員補助の配置，学習困難を専門とする教員及び行動障害を専門とする教員の配置，読み障害のための担当教員の増員，教員養成段階における障害児教育科目の必修化などが進められた。次節でふれるトランジションのパイロットプログラムも，この時期の取り組みである。

続く「特殊教育計画1993-1997（Special Education Plan 1993-1997）」では，学習上の失敗や行動上の困難を未然に防ぐことに焦点を当て，就学前の取り組み，学習困難及び行動障害の子どもたちへの支援体制の構築，学校間連携，そして，卒業後の生活へのトランジション支援が重視された。

このようにNSWでは，それぞれの教育の場での取り組みを励ます，さらには困難を未然に防止するという観点をもって取り組みを行ってきたが，1990年

代も後半になると、障害のある子どものニーズをより丁寧に把握しながら通常学校での取り組みを豊かにするための改革が、本格的に着手されるようになる。[7]

その契機として大きかったのが、1996年のマクレーによる研究調査報告書『インテグレーション／インクルージョンの実施可能性に関する研究（The Integration / Inclusion Feasibility Study）』である。この、いわゆるマクレー報告（McRae Report）では、インテグレーション／インクルージョンをよりよく実現していくために、政策からカリキュラム、情報収集やモニタリングといった広範にわたる内容がレビューされ、提言も多くなされた。[8]なかでも、就学手順を障害の有無で分けないこと、柔軟性をもちながら個々の児童生徒を対象にした資源配分が行われるべきこと、学校長の権限や説明責任を強化すべきこと、省レベルはもちろんのこと関係機関連携を豊かにすること、キー・ラーニング・エリアにもとづき障害のある児童生徒用の文書を発展させること、障害児学校は通常学校を支援する役割も担うことなどは、現在においても重視されている事柄である。

マクレー報告の提言を受けて、翌年には、教員や教員補助の確保、教員研修の確保などに用途を限定して、障害のある児童生徒個々のニーズ（カリキュラムへのアクセス、身辺処理、身体の動き、コミュニケーション、ソーシャルスキルなどのニーズを総合的に把握）が高いケースを優先しながら予算が配分される枠組みが新たに導入された。[9]これにより、軽度の障害のある児童生徒にもインテグレーション推進のための予算が、これまでに比べるとまわるようになった。[10]

インクルージョンについて、マクレーも当時のNSW教育訓練省（NSW Department of Education and Training）も明確な定義を行っていないが、児童生徒のニーズと場のマッチングを注意深く検討しようとする姿勢は、NSW教育訓練省によるインクルーシブ学校についての次の説明から窺える。

「（インクルーシブ学校とは）学校のカテゴリーによるものではない。インクルーシブの程度は、すべての児童生徒が適切な教育プログラムを提供され、

その目的が達成されている程度によってはかられるものである。」[11]

　したがって，通常学校が児童生徒の多様なニーズに幅広く応えていけるだけのキャパシティを高めることが，インクルーシブな教育をめざすうえで不可欠と解され，その後の障害児教育施策の柱とされていくことになった。

　1998年にはNSW教育訓練省から通常学校向けに『障害児教育ハンドブック（Special Education Handbook）』が刊行され，就学手続きから学内の組織作り，利用可能な外部支援などがまとめられた。ここでは学校全体での支援（Whole School Planning）として，障害や特別なニーズのある児童生徒個々に組織される，保護者，管理職，担任教員，スクール・カウンセラーなどをメンバーとする「学習支援チーム（Learning Support Team）」が要になることが記載されている。通常学級に在籍する障害のある児童生徒にかかわる助成も見直され，2000年にはこれまでの助成に代わって「ファンディング・サポート（Funding Support）」という新たな枠組みが開始された。「ファンディング・サポート」は，学習支援チームが学校生活の各場面（キー・ラーニング・エリア，コミュニケーション，活動への参加，安全の確保，身辺処理等）に即してニーズの内容と程度を把握し，学校単位で申請するが，その用途には，教員や教員補助の確保，教員研修の確保に加え，児童生徒個々のプログラムを調整する時間の確保なども含まれた。[12]

　しかしながら，障害の診断がなく支援の根拠を示すことが難しいために，ニーズは現にありながらも十分な支援を受けられない児童生徒たちの存在が，学校では問題視されるようになっていた。[13]障害が中度から重度となってくると，「ファンディング・サポート」にあるカリキュラム調整や，より個別化した教育目標が設定されることとなるが，そこまでは要さないものの支援ニーズのある児童生徒の数はそれ以上に増加しているとみられていた。[14]そのような声に応え，2002年には軽度の障害のある児童生徒並びに，障害の診断はつかないが支援ニーズのある児童生徒についての調査報告書『通常学級に在籍する軽度支援ニーズのある児童生徒たちへの支援に関するレビュー（Review of Support for

Students with Low Support Needs Enrolled in Regular Classes)』、いわゆるパーキンス報告（Parkins Report）が出された。パーキンス報告の提言を受けて、2004年から開始されたのが「学習支援プログラム（Learning Support Program）」である。「学習支援プログラム」は、障害の有無にとらわれず、また、障害種別も問わない取り組みである。1989年から開始されていたNSWの州内統一テスト（Basic Skills Test）の結果などを参考に対象児童生徒を絞り込み、これまで学習困難（次項参照）のある児童生徒の支援にあたってきた教員（Support Teacher LDs）を再配置することで、リテラシーやニューメラシーの獲得に困難を抱えている子ども（障害以外の理由も含む）に対して支援にあたる学習支援教員（Support Teacher Learning Assistance）を新たに設けた。この取り組みは、現在実施されている「多様性」を尊重する通常学校の改革に大いに生かされることとなる。

## 2　「多様性（diversity）」を尊重する教育

NSWでは、学校教育にかかわる障害分類（Disability Criteria）として、言語障害（Language）、肢体不自由（Physical Disability）、知的障害（Intellectual Disability）、聴覚障害（Hearing Impairment）、視覚障害（Vision Impairment）、盲／聾（Blind/Deaf）、メンタルヘルス上の困難（Mental Health Problems）、自閉症（Autism）を規定している。しかし、これらの分類だけで、子どもの示す教育上の困難の原因を探ることは困難であり、実際にはこれらに加えて、読み・書き・算にかかわるいわゆる学習障害を含みながらも、より広範な概念である学習困難（learning difficulties）や、精神疾患や注意欠陥多動性障害によるものから障害を理由としないものまで広く括る行動障害（behaviour disorder）も対象となる。ちなみに就学前の障害などがある、もしくは障害などが疑われる子どもに対する取り組み（Early Intervention）も、障害児教育の枠組みにおいて実施される。

同州の障害児教育の制度は、通常学級（regular class）、通常学校内の障害種別の障害児学級（support class）、そして障害児学校（school for specific purposes）と大きく三つに区分できる。通常学級在籍の場合は、子どもの教育的ニーズによ

るが，障害児学級を時として活用したり，聴覚障害や視覚障害，インテグレーション支援やトランジション支援といった各種の巡回教員から，取り出し型の支援などを受けることも可能である。障害児学校では障害児学級以上に専門的な取り組みが期待されているが，各学校によって対象としている障害は異なる。たとえば，知的障害と肢体不自由の双方を対象にする障害児学校もあれば，知的障害のみ，自閉症のみ，視覚障害のみなど単一障害対応の障害児学校もある。

2012年現在，NSWの公立小中学校約2,200校には，約74万人が学んでおり，そのうち約9万人（全就学者の12％）に障害などがあるとされている。約9万人のうち，3万5,000人（全就学者の4.7％）が障害分類に規定された障害を有しており，残る5万5,000人（全就学者の7.5％）が読み障害やコミュニケーションの困難，ADHDを含む学習困難並びに行動障害である（図5-1）。障害児学校は106校あるが，障害のある児童生徒の77％が通常学級に在籍している[18]（図5-2）。

障害のある児童生徒には，それぞれ，先にも述べた学習支援チームが形成され（図5-3），対象児童生徒のニーズ把握，さらにはそれをふまえた巡回教員を含む各種サービスの申請，学習計画の立案や見直しなどが行われる。「学習支援チーム」は学校の教育環境を評価する役割も担っているため，児童生徒のニーズは学習場面だけでなく学校生活全体にわたって多面的に把握される[19]。

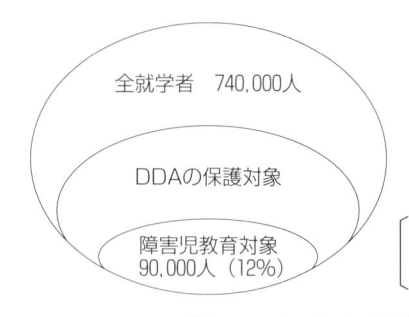

図5-1　NSWにおける障害のある児童生徒数

出典：NSW 教育・地域省「すべての子ども，すべての学校」に関する文書より作成。
　　　http://www.dec.nsw.gov.au/about-us/how-we-operate/national-partnerships/every-student-every-school（2014年5月17日アクセス）

(人)

図5-2　障害のある児童生徒数の推移

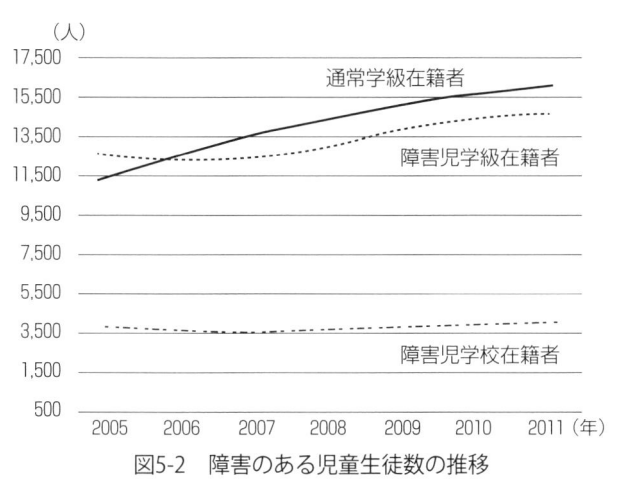

出典：Department of Education and Communities（2012）Every Student, Every School. Author, Sydney,7. より作成。

| アドバイザー | 中心メンバー | アドバイザー |
|---|---|---|
| 障害児教育コンサルタント | 保護者 | 理学療法士 |
| 障害児教育担当教員 | 校長等管理職 | 聴覚機能訓練士 |
| 巡回支援教員 | 担任教員 | 心理士 |
| 障害児教育教員補助 | スクール・カウンセラー | 小児科医 |
| 早期介入担当教員 | 児童生徒 | 言語聴覚士 |
| その他専門家 |  | 作業療法士 |
|  |  | 地域支援事業者 |

図5-3　学習支援チームの構成

出典：NSW Department of Education and Training（1998）*Special Education Handbook for Schools.* Author, Sydney, 7より作成。

　障害のある子どもの学習にかかわって，NSWにおけるカリキュラムや試験の作成及び改訂についての権限を有しているのは，学習局（Board of Studies；以下，BOS）である。現在，ナショナル・カリキュラムが実施されているが，これまで各州・直轄区は，第3章で述べたキー・ラーニング・エリア（Key Learning Areas)[20]に沿って科目を構成してきた。NSW はキー・ラーニング・エリアをふまえつつ，①BOS によって設定されたコース，②BOS によって認定されたコース（各学校や，学校と連携している TAFE もしくは大学が構想した独自の教育内容など），③BOS によって設定されたライフ・スキルコース（とくに知的障害のある生徒を対象とした内容で，キー・ラーニング・エリアと類似した緩やかな科目設定），以上3パターンで科目設定を行ってきた[21]。障害のある生徒の場合は個々に教育的ニーズの違いが大きいため，自由度の高い設定がなされていた。知的障害があるからといって，すべての科目をライフ・スキルコースで学ぶとは限らない。たとえば体育は「BOS によって設定されたコース」もしくは「BOS によって認定されたコース」の形態で障害のない生徒とともに学び，その他はライフ・スキルコースを選択するというパターンもあった。

NSW では2010年以降，通常学級に障害のある子どもをインクルードするか否かではなく，障害のある子どもがいて当たり前とする政策へと舵を切り，それを「多様性（Diversity）」を尊重するものと解している[22]。障害種別での支援という観点は後退し，NAPLAN の結果をふまえたリテラシー・ニューメラシーの向上をめざして，実用的（functional；ファンクショナル）なニーズ把握と評価ツールの開発の必要性が認識されている[23]。とくに遠隔地においては関連サービスが未整備であり，だからこそ通常学級での支援を確固たるものにすべきこと，全体として自閉症や精神疾患の子どもが増えており，通常学級でも専門的な対応が求められていることも喫緊の課題とされている[24]。ここでは，前項で述べた「学習支援プログラム」の経験を大いに生かすこととされている。

2012年，NSW 教育・地域省（NSW Department of Education and Communities）は「すべての子ども，すべての学校（Every Student, Every School）」プロジェクトを開始した[25]。ここでは教員の質を確保し（現職教員の専門性向上の手立て），教授と学習を向上させることで，障害のある児童生徒も教育成果を上げられる学校づくり（通常学校に障害児教育を専門とする教員を配置など）がめざされている。その際，障害児学校はいわゆる外部のリソースセンターとして機能するこ

とが求められた。また，大学との共同研究の推進，他の関係機関との連携も重要とされた。[26]

　この改革はまだ始まったばかりで今度の展開を見守るほかないが，障害のある児童生徒の7割以上が通常学級に在籍していることに加え，障害の診断はつかないが，ニーズを要する児童生徒の存在があり，子どもたちのニーズに共通するのが，とくにリテラシー・ニューメラシーの獲得上の困難と解されている。これに応えていくためには，いわゆるファンクショナルな取り組みが必然とされているのであり，それこそが「多様性」を尊重する教育と理解されているといえる。ナショナル・カリキュラムの本格実施は，科目によって異なるものの2014年以降となっている。先に述べたライフ・スキルコースのような通常とは別建てのコース設定はなされていないが，中等教育段階である7年生以上からは，障害のある生徒向けの教育内容や期待される成果（Life Skills content と Life Skills outcomes）が別に示されている。しかしこれらを採用するためには，

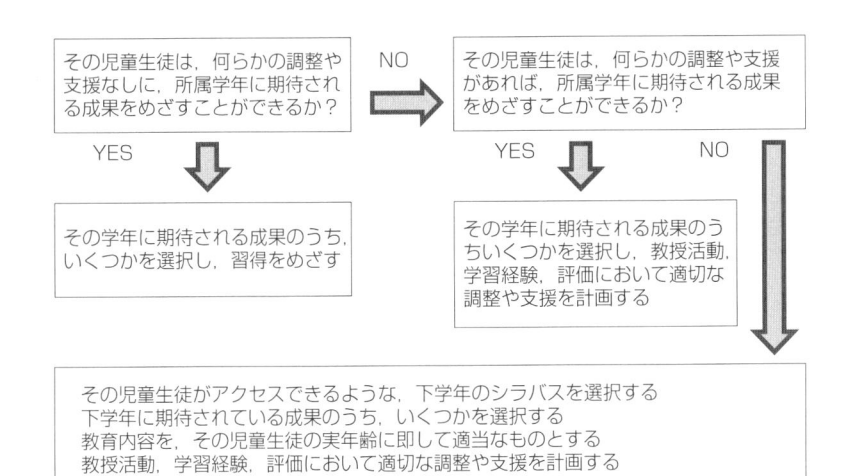

```
┌─────────────────────┐  NO   ┌─────────────────────┐
│その児童生徒は，何らかの調整や│ ───→ │その児童生徒は，何らかの調整や支援│
│支援なしに，所属学年に期待され│      │があれば，所属学年に期待される成果│
│る成果をめざすことができるか？│      │をめざすことができるか？        │
└─────────────────────┘      └─────────────────────┘
        │YES                          │YES          │NO
        ▼                             ▼             ▼
┌─────────────────────┐      ┌─────────────────────┐
│その学年に期待される成果のうち，│      │その学年に期待される成果のうち│
│いくつかを選択し，習得をめざす │      │いくつかを選択し，教授活動，  │
│                           │      │学習経験，評価において適切な  │
│                           │      │調整や支援を計画する        │
└─────────────────────┘      └─────────────────────┘
                                                   │
                                                   ▼
┌──────────────────────────────────────────┐
│その児童生徒がアクセスできるような，下学年のシラバスを選択する    │
│下学年に期待されている成果のうち，いくつかを選択する          │
│教育内容を，その児童生徒の実年齢に即して適当なものとする       │
│教授活動，学習経験，評価において適切な調整や支援を計画する      │
└──────────────────────────────────────────┘
```

図5-4　障害のある児童生徒のカリキュラム策定プロセス

出典：BOSによる下記のサイトより作成。
　　　http://syllabus.bos.nsw.edu.au/collaborative-planning/（2014年5月17日アクセス）

通常のカリキュラムの「合理的調整」によって障害のある生徒のニーズに応えるための工夫を検討し，最終的に，通常のカリキュラムの枠では難しいと判断されることが前提となる[27]。

つまり基本的には，通常のカリキュラムに「合理的調整」をしていくことで，障害のある児童生徒のニーズに応えるべきとされ，カリキュラム編成の責任は各学校にある。その際，協同的にカリキュラムを計画すること (collaborative curriculum planning) が求められており，先の学習支援チームを土台としながら，担当教員も含めた関係者の参加のもと，カリキュラム内容，方法，評価について検討されることとなる[28]。これについては，図5-4を参照されたい。

以上，とくにリテラシー・ニューメラシーの向上という連邦政府の教育方針が，NSWにおける障害児教育においても見事に浸透していることや，その目標に照らして子どものニーズを把握し支援を手厚くできる通常学校こそが，新たな障害児教育の在り方として示されていることは明確である。

## 第2節
## トランジション支援の体制づくり

### 1　パイロットプログラムの実施

第2章において，連邦政府レベルでは1980年代に入る頃から障害のある生徒のトランジションが課題として認識されてきたことを述べたが，学校教育段階からの具体的な支援体制の構築に向けて大きな影響を与えたのは，1989年にNSWにおいて実施されたトランジションのパイロットプログラム (the Special Education Transition Program for Students with Disabilities) であった。パイロットプログラムは，やはり第2章で触れたOECD/CERIによるトランジション研究調査にともなって設置された連邦政府レベルのトランジション実行委員会の見解をふまえて実施され，同国のトランジション支援の先駆けとなった。パイロットプログラムの実施主体は，当時のNSW学校教育省 (Department of

School Education），技術・継続教育省（Department of Technical and Further Education），そしてマッコーリー大学（Macquarie University）リハビリテーション研究科の三者によって構成されたNSWトランジション実行委員会（Transition Steering Committee）であった。NSWトランジション実行委員会には，その後，連邦政府レベルの関係機関が加わるなどしたことからも，このプログラムに対して国家的関心が寄せられていたことがわかる。

NSWトランジション実行委員会は，ハルパーン（Halpern, A. S.）によって考案されたトランジションモデルを基礎として，NSW版トランジションモデルを作成した。このモデル作成には，オーストラリア全土でトランジション概念を統一するという意味もあり，NSWにおけるパイロットプログラムは，このモデルをふまえて実施された。図5-5を参照されたい。

「個別のトランジション計画の策定（Individual Transition Planning & Programming）」は学校をベースにした取り組みである。「地域トランジションチーム

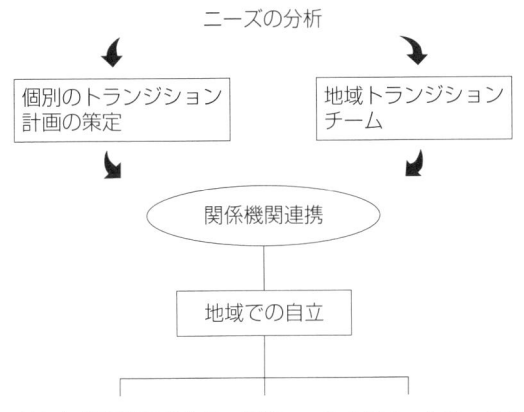

図5-5 NSW版トランジションモデル

出典：Parmenter, T. R. and Riches, V. C. (1991) Transition Education: A Pilot Program for Students with Disabilities in Transition in the NSW Department of School Education. *Australian Disability Review*, 91(1) 3. より筆者が訳して作成。

(Community Transition Teams' Initiatives)」は，学校外での関連機関が主導する場合を指す。いずれにしても，関係機関連携のもと，支援プログラムを実行する(Inter-agency Cooperation & Coordination)。トランジションの最終目標としての「地域での自立（Community Independence）」は，「就労（Employment）」，「適した住環境での生活（Residential Status）」，「社会的ネットワークの構築（Social Networks）」の三つからなっている。ちなみに「適した環境での生活」とは，自分にあった生活形態を選択して充実した暮らしを送ることである。「社会的ネットワークの構築」とは親子関係，友人関係，介助者との関係など，暮らしを充実したものとするために必要な対人関係を豊かにしていくことである。これまでは各地域がそれぞれの方法でトランジション支援を実践してきたが，トランジションモデルに沿ったかたちで，具体的なスタッフの組織化や，個々の生徒に合ったプログラム作成のあり方などが州内で整備されていった。

　パイロットプログラムの実施校は，NSWの四つの地区から選ばれた。プログラムスタート時の参加校数は16（4校が障害児学校，12校が障害児学級をもつ中等教育学校）であった。プログラムの早い段階から明らかになったのは，障害児学校の教職員は個別にトランジション支援を計画するうえでの知識や方法において熟練しているが，通常学校の教職員はそのような過程にかかわったことさえなく知識も不足しているといった，学校種によるトランジション支援の経験及び知識の格差であった。

　このような学校種によるトランジション支援の質的偏りを解消していくために，NSWでは州内で統一された個別トランジション計画（Individual Transition Plan；以下ITP）のフォーマットが作成された。ITPフォーマット（本章末の資料を参照）には，生徒と家族が希望する学校教育修了後の生活（就労先もしくは職業訓練先，在宅かグループホームか等の暮らし方，趣味の集まりなどのレジャー活動の3点）を記載する。そして，キー・ラーニング・エリア（Key Learning Areas），継続教育（Further Education），職業教育（Vocational Training），地域生活（Community Living），余暇・レクリエーション（Leisure / Recreation），移動（Transportation / Mobility），健康・地域サービス（Health / Community Services），収入（Financial / Income），権利擁護（Advocacy / Citizenship / Legal），行動管理（Behaviour Management），コミュニケーション（Communication），社会関係的スキル・援助（Social Interpersonal Skills & / or Supports）といった領域が記載されており，そのなかのいずれか，もしくは複数を選択し，当面の到達目標，その到達目標に向けてすべきこと，それに責任をもつ者，さらにそれを行う時期について記載していく。トランジション支援は前期中等教育段階から視野に入れられ，とりわけ11，12年生の２年間は学校卒業後のオプションに備える期間として位置づけられた。

　さらに，長期目標を掲げるトランジションを支援する観点から，学校教育カリキュラムは以下の領域にわたって多様である必要が認識された。[36]

① 継続教育
② 職業訓練
③ 権利擁護にかかわる課題・法的課題
④ 収入
⑤ 余暇・レクリエーション
⑥ 生活の仕方・自立生活スキル
⑦ 健康・地域サービス
⑧ 身辺自立・社会的スキル
⑨ 移動

　従来のトランジション支援にまつわる活動としては職業体験が中心で，トランジションの最終目標設定は就労に過度に傾斜しがちであったことを考えると，上記のような学校カリキュラムについての認識にも，ハルパーンによるトランジション理論の影響がみられる。

　このような広範なカリキュラム領域を扱ううえで，学校と他機関連携は不可

欠である。一様ではない連携パターンのなかでも，オーストラリア教育の特徴の一つとされる TAFE と学校の連携は，同国独自のトランジション発展の一端と捉えることができる。NSW トランジション実行委員会に技術・継続教育省がかかわっていたことからもわかるように，学校教育だけでなく TAFE もパイロットプログラムの対象となっていた。[37]

　トランジション支援のパイロットプログラムと連動して，NSW の障害児教育施策文書にもトランジション支援が登場するようになった。前述の「特殊教育計画1988-1992（Special Education Plan 1988-1992）」では，障害のある生徒にとっての中等教育段階を，学校修了後の生活に備えたスキルや能力を身につけるための段階として位置づけた。そして学校，地域，卒業後のオプションを提供する機関などの連携が強調された。[38] 続く1993年の「特殊教育政策（Special Education Policy）」では，質の高い教育プログラムを，保護者，教育省以外の関連する省，高等教育機関，その他関連機関がともに協力して，そのニーズが発したときから学校教育修了後のオプションに至るまで継続して提供すべきことが明記された。[39] 同じく1993年，NSW 政府は連邦政府による「障害者差別禁止法」を土台として，州としての「障害者サービス法（Disability Service Act）」を制定し，州の公的機関に対して「障害アクションプラン（Disability Action Plan）」の策定と発展を義務づけた。ここでは，関係機関が連携して，教育，医療，福祉，就労といった多種多様なサービスをスムーズに提供することで，障害者の地域生活を保障すべきことが強調されている。[40] やはりすでに述べた1993年から1997年までの「特殊教育計画（Special Education Plan 1993-1997）」においては，これまでの各政策に示された内容がすべて反映されている。[41] 具体的には，個別計画を策定すること，意思決定段階に保護者や家族の関与を積極的に認めること，そして関係機関連携をより強く推進することが，トランジション支援に不可欠なものとして確認された。リッチェス，パーメンターそしてロバートソン（Riches, V. C., Parmenter T. R. and Robertson, G.）によれば，1993年からのトランジションにともなう関係機関連携，とくに学校と TAFE の連携強化

の政策的主張には，技術革新のスピードに合わせて柔軟性のある教育訓練システムを発展させようという意図もあるという。[42]

　このような社会的要請をうけながらも，パイロットプログラムをはじめとする取り組みは，前節で述べたようなトランジション支援を専門とする教員の配置や，個別の教育計画が中等教育段階になるとITPとして策定される流れ，次項で述べるカリキュラム選択や履修のあり方を準備した。

## 2　後期中等教育カリキュラム

　先ほど，NSWにおけるカリキュラムや試験の作成及び改訂についての権限を有しているのは学習局（BOS）であり，知的障害のある児童生徒向けとして，科目設定が緩やかなライフ・スキルコースがあることを述べた。ナショナル・カリキュラムでは，ライフ・スキルコースは設定されていないが，現在は移行期のために明確な体系を示すことは難しく，引き続き従来のライフ・スキルコースを受講している生徒が大半である。そのため，ここではまず，これまでのトランジションにかかわるカリキュラムについて整理していく。各キー・ラーニング・エリアにおいて設定される科目は，2学年を1ステージとして，ステージ1から6までに段階分けされている。以下はステージ6（高校2，3年生に相当する11，12年生対象）のライフ・スキルコースの科目である。[43]

① 英語
② 数学
③ 保健体育
④ シチズンシップと社会
⑤ 理科
⑥ 芸術
⑦ 技術
⑧ 職場・地域での学習

このなかでとくにトランジションを意識した科目が，⑧「職場・地域での学習」である。進路についての学びを深め，実際の職場や地域での活動にも参加する。「職場・地域での学習」の目的は，特定の職業スキルというよりも，就労や地域参加に求められる基本的スキルや知識の習得にある。たとえば，働くとはどういうことかを学習したうえで，何らかの訓練に試しに参加する。そして仕事に即して，自分の関心や適性などを知る。仕事探しや面接の練習も行う。実地訓練では，職場での問題解決能力を高める。また，被雇用者としての自覚を促し，賃金をはじめとする権利についても学ぶ。「職場・地域での学習」の最終ゴールは進路決定である。ここで得られた評価は卒業後に通うことになるかもしれない TAFE でもその他の職業教育訓練機関でも有効ではあるが，目的はあくまでも，地域を視野に，個々に適した形での進路決定プロセスを豊かにすることなのである。以下が「職場・地域での学習」における教育目標である[44]。

① 仕事の性質，在り方，概念，多様性にまつわる知識・理解を深める
② 職場内の学習や地域での学習に効率的に参加するうえで必要な知識，理解，スキル，価値観，態度を高める
③ 職場内での学習課題や職場内で学ぶべき事柄を明確にするための知識，スキル，理解を深める
④ 職場環境での経験を通して，仕事の性質について学ぶ
⑤ 職場内での学習や地域での学習に十分に参加し，そこで得た知識やスキルを新たな場面で応用する
⑥ さまざまな環境に計画的かつ積極的に参加することで特定の就労もしくは地域をベースとした学習オプションについて学ぶ

　「職場・地域での学習」と補完的な関係にあるのが，職業教育訓練の科目である。障害のある生徒も，他の生徒同様，職業教育訓練の科目を履修することができる。職業教育訓練は VET（Vocational Education and Training）といわれる。

VETは，「産業カリキュラム枠組み（Industry Curriculum Framework）」として規定された職業科目や，VETとしてBOSが認定したコースの科目が該当する。VETは，対象学年は「職場・地域での学習」と共通しているが，活動の目的や評価の仕方，それにともない設定されるコースの時間数（120時間と240時間コースが設定されることが多く，そこで必要とされる実地訓練の時間数も規定されている。しかし，職種によって一様ではない）は異なっている。VETの目的は，特定の職業群において必要とされる能力（competence）やスキルの習得である。習得すべき能力は，たとえば，コミュニケーションがとれるか，安全に働くことができるか，ルーティンをこなすことができるかなどといった，その職場で働くうえで必要とされる基本的な能力と，それを土台としてその職種だからこそ必要な応用的な能力の二つに区分され，具体的に規定されている。決まった時間内にその能力をどの程度習得したかによって，生徒の評価が下される（competence-based approach）。また，前章で述べた，オーストラリア産業審議会とオーストラリア商工会議所が関連団体と協議のうえで規定した「就労に必要なスキル」に沿った評価もなされる。VETは，後期中等教育修了資格試験において有効なだけでなく，その他職業関係の資格取得にも結びつく。現在のところ，VETがカバーする職種は，自動車関係，事務処理などを行うビジネス・サービス，建築関係，電気技術関係，エンターテイメント産業，金融サービス，家事や調理等のホスピタリティ，高齢者施設や医療施設等でのケアを行うヒューマン・サービス，パソコン関係の業務を扱う情報技術，金属工業，第一次産業，小売り，観光・イベント業と幅広い。それぞれ職業資格取得が可能であり，なかには，後期中等教育修了資格試験の要件とすることもできるものもある。

　VET自体は障害の有無を問わないため，障害のある生徒に対しては，「合理的調整」の必要性が述べられている。たとえば，時間の延長，付加的な支援，職場内外での研修等があり，生徒のニーズと能力に応じて柔軟に対応すべきとされている。

　障害のある生徒がVETを選択する場合は，それがITPに確実に位置づけら

```
┌─────────────────────────────┐  ┌──────────────┐  ┌──────────────────┐
│ 9-10年生時（Stage5）の学習状況 │  │ 興味関心と能力 │  │ 発達が期待される領域 │
│ ・キー・ラーニング・エリア      │  │   (ability)  │  │                  │
│ ・そのほか，職業的な学び       │  │              │  │                  │
└─────────────────────────────┘  └──────────────┘  └──────────────────┘
```

**個別のトランジション計画ミーティング（10年生修了時）**

- メンバーは，生徒，保護者，関連する教職員その他
- 学校教育修了後の目標についての合意形成
- 引き続き学校教育を継続することを選択した場合は，後期中等教育修了試験（Higher School Certificate；以下，HSC）に向けた学習形態の決定
- 関連する文書の作成および責任の確認

**11年生の学習形態の把握（11年生開始にあたって）**

- 生徒が受講する全コースのリスト化
- ライフ・スキルコースを受講する場合は，その科目や内容，成果のリスト化
- 必要な学習環境，戦略，期間の明確化
- 必要なリソースの明確化
- 成果をモニタリングするための戦略と期間の明確化

**個別のトランジション計画ミーティング（11年生修了時）**

- メンバーは，生徒，保護者，関連する教職員その他
- 11年生としての到達度の確認
- 生徒の学校教育修了後の目標を確認及び確定
- HSC受験に向けた12年生時の学習形態を決定
- 関連する文書の作成および責任の確認

**12年生に向けた学習形態の把握（12年生開始にあたって）**

- 生徒が受講する全コースのリスト化
- ライフ・スキルコースを受講する場合は，その科目や内容，成果のリスト化
- 必要な学習環境，戦略，期間の明確化
- 必要なリソースの明確化
- 成果をモニタリングするための戦略と期間の明確化

図5-6　個別のトランジション計画プロセス

出典：Board of Studies NSW（2007）*Stage 6 Work and the Community Life Skills course Syllabus Amended 2007.* Author, Sydney, 10. より作成。

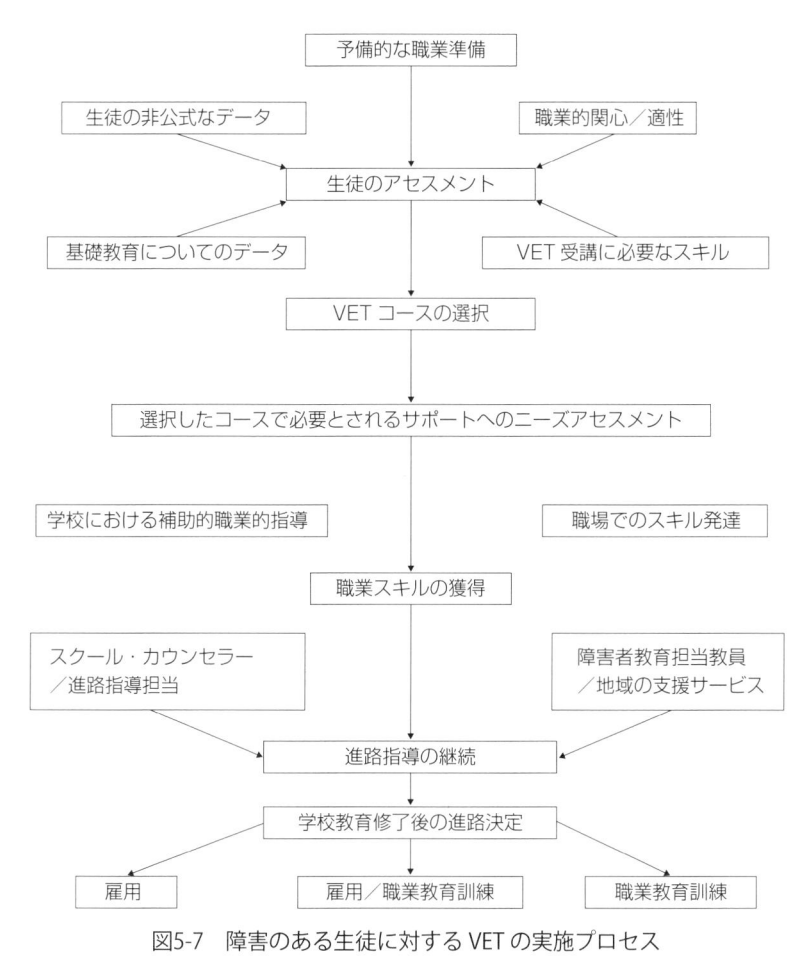

```
                    ┌──────────────────┐
                    │  予備的な職業準備  │
                    └─────────┬────────┘
                              ↓
┌──────────────────┐   ┌──────────────────┐   ┌──────────────────┐
│ 生徒の非公式なデータ │ → │ 生徒のアセスメント │ ← │  職業的関心／適性  │
└──────────────────┘   └──────────────────┘   └──────────────────┘
                              ↑
┌──────────────────────┐                   ┌──────────────────────┐
│ 基礎教育についてのデータ │ ─────────────→ ← │ VET 受講に必要なスキル │
└──────────────────────┘                   └──────────────────────┘
                              ↓
                    ┌──────────────────┐
                    │  VET コースの選択  │
                    └─────────┬────────┘
                              ↓
        ┌────────────────────────────────────────────┐
        │ 選択したコースで必要とされるサポートへのニーズアセスメント │
        └─────────────────────┬──────────────────────┘
                              ↓
┌──────────────────────┐                   ┌──────────────────┐
│ 学校における補助的職業的指導 │                 │ 職場でのスキル発達 │
└──────────────────────┘                   └──────────────────┘
                              ↓
                    ┌──────────────────┐
                    │  職業スキルの獲得  │
                    └──────────────────┘
                              ↓
┌──────────────────────┐                   ┌──────────────────────┐
│ スクール・カウンセラー  │                   │ 障害者教育担当教員    │
│ ／進路指導担当         │                   │ ／地域の支援サービス  │
└──────────────────────┘                   └──────────────────────┘
                              ↓
                    ┌──────────────────┐
                    │  進路指導の継続   │
                    └──────────────────┘
                              ↓
                 ┌────────────────────────┐
                 │ 学校教育修了後の進路決定 │
                 └────────────┬───────────┘
           ┌─────────────────┼─────────────────┐
           ↓                 ↓                 ↓
       ┌───────┐    ┌──────────────────┐    ┌──────────┐
       │  雇用  │    │ 雇用／職業教育訓練 │    │ 職業教育訓練│
       └───────┘    └──────────────────┘    └──────────┘
```

図5-7　障害のある生徒に対する VET の実施プロセス

出典：Board of Studies NSW（2001）*Stage6 Industry Curriculum Frameworks: Support Document for Students with Special Educational Needs.* Author, Sydney, 11. より作成。

れていることが前提となる。図5-6において個別のトランジション計画策定プロセス，図5-7において障害のある生徒に VET が実施されるプロセスを示すので参照されたい。学校側は障害のある生徒個々の特徴にもとづいたニーズを判定し，「産業カリキュラム枠組み」における職種と，そこで習得が求められる

能力のうちいくつかを選択する。障害のある生徒のニーズの判定には，すでに身につけた知識や実際的スキルが考慮され，選択した能力を習得するうえで必要な取り組みを明らかにする。教材選択及び教材開発の後，プログラム実施となる。

VETのなかでも，職場内でのコミュニケーションやリテラシー・ニューメラシーの強化は重要な課題とされており，学校における指導の在り方についてもVETの観点から提言されている。たとえば，障害のある生徒のコミュニケ

表5-1　VETにおいて求められる優先度の高いスキルの例（一部抜粋）

| 優先度の高いスキル | ホスピタリティ | ビジネス・サービス | 第一次産業 |
|---|---|---|---|
| ニューメラシー | ・1/2カップ，1/4さじ等が正確にわかる。<br>・＋－を使い，物をセッティングできる。<br>・時間を伝えることができる。<br>・見積もることができる。 | ・性質別に物を分けることができる。<br>・特徴にあわせて，物を準備することができる。<br>・前後上下等の概念を理解できる。<br>・時間を伝えることができる。<br>・見積もることができる。 | ・量や大きさを測ることができる。<br>・時間を伝えることができる。<br>・＋－を使い，物をセッティングできる。<br>・見積もることができる。 |
| リテラシー | ・基本的なボキャブラリーを使い，読むことができる。 | 同左 | 同左 |
| コミュニケーション | ・基本的な支援や要求に応えることができる<br>・コミュニケーションに必要なボキャブラリーを学び，使うことができる。 | 同左 | 同左 |
| 身体の動き | ・じゃがいもの皮むきや，切る時の行為が十分にできる。 | ・手紙を封筒に入れる，特定のページを探す等の行為が十分にできる。 | ・荷造りや荷解き，数表示を正確に書く等の行為が十分にできる。 |

注：リテラシーにおいては，生徒の獲得状況に応じて，必要な支援が提供されうることも記載されている。ビジネス・サービスのリテラシーについては，パソコンのキーボードのスキルが必要となればそれ相応の読み能力が求められることが記されるなど，職種別に必要となる力についても言及されている。

出典：Board of Studies NSW（2005）*Stage6 Industry Curriculum Frameworks ; Support Document for Students with Special Educational Needs.* Author, Sydney, 17. より作成.

ーション能力を高めるために，教員は，生徒がわかりやすい言葉を用いること，明確でわかりやすい情報提供を行うこと，生徒の理解を確かめるための質問を行うことなどが重要とされ，加えて，単純な文章で，情報を細かく示し，絵カードや模型などの具体物を用いながら，「はい」「いいえ」で終わらない質問を生徒に投げかけることが推奨されている[47]。また，リテラシーに関しては，習得の程度をふまえつつ，簡単な英語で書かれた教材や，視覚資料の準備などを通して支援すべきことが述べられている[48]。VETにおいて必要となるスキルと，学校教育のリテラシー・ニューメラシーの向上をめざした内容との関係性は，表5-1のとおりである。

## 第3節
## トランジション関連施策の変遷

### 1　学校教育修了者を対象としたプログラムの開始

　リテラシー・ニューメラシーを重視した取り組みと実際的な職業教育訓練を重視した学校教育段階での準備を経たのち，障害のある若者にはどのような選択肢が用意されているのだろうか。そのまま就労するケースもあるが，学校卒業後の選択肢としての役割を長きにわたり果たしてきたのはTAFEである。TAFEは1970年代から1980年代までにNSWを含め多くの州で，連邦学校審議会の提言などを受け，障害者を対象とした職業教育訓練コースの設置を進めてきた[49]。加えて，民間の障害者職業訓練機関も重要な役割を果たしてきた。

　学校教育を修了したばかりの障害のある若者を対象にトランジションを支援する取り組みがNSWにおいて公的に本格化したのは，やはりトランジション支援のパイロットプログラムの後，1990年代に入ってからのことである。福祉を管轄するNSW高齢・障害・在宅ケア省（Department of Ageing, Disability and Home Care）が，この間，複数のプログラムの運営にあたってきた。この時期，前章でも述べた「連邦・州政府障害協約」において，連邦政府は就労支援

の責任を担うことになったことから，連邦政府レベルでも職業紹介や職業訓練の取り組みが実施されている。しかし，学校教育から連邦政府レベルのプログラムを含めたトランジション支援につなげるための取り組みは，学校教育や就労支援以外の福祉サービスを管轄する州の役割となっている。就労かそれ以外かといった線引きが難しい実態に柔軟に応えるうえでも州としての取り組みは重要であり，また，連邦政府によるサービスから漏れてしまいがちな障害のある若者を対象としてきた経緯もある。

1993年に導入された「ポストスクールオプションプログラム（Post School Options Program；以下PSOプログラム）」は，TAFEや障害者職業訓練機関の対象からもれてしまいがちな重度の障害者を主たる対象とし，就労機会と地域生活へのアクセスを増大させるためのサービスを，登録された実施機関を通して提供することを目的とした。PSOプログラムの具体的な目標項目は，以下の通りである。[50]

① 学校で獲得したスキルをさらに発展させる
② 地域参加に不可欠で新たに身につけるべき個人的・社会的日常生活スキルの獲得と使用を可能にする
③ 一般雇用・援助付き雇用に向けた準職業的スキルを発展させる
④ 自立（independence）と自律（self-reliance）の到達度を上げる
⑤ 選択・決定に対するより大きな責任を負う
⑥ 地域活動へのアクセスと参加を促す
⑦ 家族や仲間といった社会的ネットワークを維持する
⑧ 就労機会との連携を深める

1997年，PSOプログラムのサービス利用者，その家族，そしてサービス実施機関も参加したレビューが実施された。その際，PSOプログラムの肯定的評価として，個々のニーズにもとづいてサービスが組まれやすくなっているこ

と，確実に本人のスキルを発展させることによって非効率的な援助費用を削減できていること，スキルの発展により利用者の選択が促進されていること，そしてその結果，家族にとっても重要なサポートを提供しているといった点が挙げられた。しかし，PSOプログラムはトランジションという短期設定のプログラムとして誕生したにもかかわらず，その利用者の多くは長期のサポートを必要としておりサービス理念と対象者のニーズが一致していないといった指摘や，就労を強く望むサービス利用者のニーズが十分に満たされていないといった指摘がなされた。サービス提供機関からの報告によると，PSOプログラムを受けて就労に結びついたのは対象者全体の27％であった[51]。このレビューでは，利用者がめざすトランジションのゴールとPSOプログラムの内容をより合致したものとするべく，PSOプログラムと学校最終学年とをできるだけ連携させること，個別の継続的サポートを充実させること，そのためにも学校で策定されるITPは，トランジションサービスを提供する機関で作成される個別サービス計画（Individual Service Plan）の基礎として捉えられるべきことが提言されている[52]。

　このようなレビューや批判を受けて，1999年には「成人訓練，学習，支援プログラム（Adult Training, Learning and Support；以下，ATLAS）」が誕生，2001年から2002年にかけてPSOプログラムと完全に統一された。ATLASは，PSOプログラムではいわゆる「成功」しなかった就労移行を確実なものとするべく，2年ごとのサービス評価を組み込んでスタートした。ATLASにおける就労に向けたサービスを提供するのは，地域の障害者通所型施設などである。ATLASの目標は以下4点であった[53]。

① 自立（independence）
② 自己に対する肯定的イメージと評価の獲得
③ 物理的・社会的統合を促すための参加と統合
④ 就労

これらの目標をめざしてATLASが提供するサービスは，以下の4パターンからなった。

① 日常生活サポートオプション
　高度の援助ニーズを有し，就労などへのトランジションが困難であり，日常生活の支援を要する者を対象
② 地域アクセスサポートオプション
　高度の援助ニーズを有しているが，レクリエーションや余暇などを基本とした地域活動に参加できる可能性がある者を対象
③ 短期～中期トランジションサポートオプション
　就労可能性が潜在的にあるが，仕事を得るために，準職業的スキルを身につけるもしくは強化する短期間の援助が必要な者を対象
④ 中期～長期トランジションサポートオプション
　仕事の概念が全くもしくはほとんどなく，社会的，対人的スキルの発達を要する者を対象

　PSOプログラムのレビューを受けて誕生したとはいえ，上記のようにATLASは，就労移行に適さない障害のある若者も対象にした，いわば一時的な措置であり，就労に対するニーズに合致した「成果」がどの程度得られているのかが把握しがたかった。そこで2003年から2004年にかけては，代表的なATLAS実施機関6か所で，現行制度につながる就労移行パイロットプログラム（"Transition to Work"Pilot Programs）が実施され，就労をめざす障害のある若者が，具体的な「成果」を確実に得られるための策が練られることとなった。[54]

## 2　地域へのインクルージョンと「成果」の追求

　上記ATLASのレビューをふまえ，学校卒業後のトランジション支援を目的としたプログラムは改めて，就労を直接的にめざすことが難しい若者に応える

ためのプログラムと,就労を現実的にめざし「成果」を確実にあげるためのプログラムの2本柱で整えられることとなった。2005年から現在まで,学校卒業後のトランジション支援としては以下の二つのプログラムが実施されている。

① 地域参加プログラム（Community Participation）
　就労以外の選択肢を探す中度から重度の障害のある若者が対象
② 就労移行プログラム（Transition to Work）
　就労をめざす障害のある若者が対象

まず「地域参加プログラム」についてであるが,これは就労以外の選択肢を模索し,地域で価値ある存在として生き生きと参加していくための支援を行うものである。地域の障害者通所施設内外で多様な活動を展開し,生活上のスキルを向上させる,社会的文化的活動に参加する,人間関係を豊かにすることなどを「成果」とし,地域にインクルードされながら,成人生活へのトランジションを支援することをめざしている。支援は以下の3形態に分類される。

① 施設内での活動を主としながら,地域に参加する形態（Centre Based with Community Access）
② 施設内での活動も行いつつ,主として,サービス提供者の支援のもとで立案した地域での活動計画を実践する形態（Individual Community Based Options）
③ 金銭管理や介助者の管理などは自ら行い,大半の活動を地域に出て行う形態（Self Managed Package）

続いて,「就労移行プログラム」についてである。これは,一般雇用もしくは援助付き雇用を目標とする2年間のプログラムである。先にふれたパイロットプログラムでは,利用者の61％が就労（そのうち37％が一般雇用,24％が援助

付き雇用）したと報告されている。本プログラムの基本方針としては，利用者，家族，代弁者を含めた意思決定をふまえたうえでの，実際の職場での訓練実施，仕事を継続するうえで必要な日常生活や余暇にかかわる幅広い支援の提供，雇用関係機関との連携強化が挙げられる。

　このプログラムの「成果」はもちろん一般雇用もしくは援助付き雇用であるが，障害が中度から重度の利用者も受け入れていることから，絶対的な目標としては据えられていない。利用者が満足のいく職業及び訓練到達度を維持すること，職を得るうえで有効なスキルや資格を得ることもまた，「成果」とされる。また，アボリジニをはじめとする多様な文化的言語的背景をもつ利用者も，支援に公正にアクセスでき，その他の利用者に引けを取らない「成果」を挙げることができるようにすることも重要な柱である。

　2005年から正式に開始された「就労移行プログラム」は，2009年までに2,771人が利用し，そのうち1,153人が2年間のプログラム期間を修了した。この時点で実施されたレビューによると，サービス提供者は，就労移行支援を専門とする機関から，「地域参加プログラム」に近い支援を行う機関まで幅があるものの，援助付き雇用もしくは一般雇用に結実した利用者は48.74％であったという。有給雇用が実際にどこまで確保されているのかはわからないとしながらも，職業への準備としてサービス提供機関が果たした役割は大きかったという。以上をもって，「就労移行プログラム」にはおおむね高評価が与えられている。

　2006年，NSWでは労働党政権により，10年先を見通した障害者施策の大幅な改革（Stronger Together）が開始された。65歳以上の重度から最重度の障害者20万人以上がNSWに暮らしており，彼らのほとんどが家族や友人によるケアを望んでいること，そして，福祉サービスへのニーズは今後ますます高まっていくであろうことを背景に，予算の支出を抑えつつ，ニーズと合致した効率の良いサービスを提供していくことをめざした改革である。つまり，障害者への支援をニーズに直接的に応えられる形に変更し，家族を力づけ，地域へのイン

クルージョンを促進し,支援システムのキャパシティと説明責任をより良いものとする。これが改革の狙いである。学校卒業後のトランジション支援は,地域へのインクルージョン促進のための策として位置づけられ,改革対象となった。具体的には,「地域参加プログラム」について,週4日のサービス利用を基本として,最重度の障害がある場合は5日と日数を増やすこと,さらに2016年までに当プログラム実施機関を46％増加させるという目標が掲げられた。

2011年,16年ぶりに誕生した保守政権は,その年の9月に「NSW2021-NSWをNO.1にするための計画(NSW 2021: A plan to make NSW number one)」を発表した。これは,経済の立て直し,質の高いサービスの保障,インフラの整備,地域社会の強化,州政府に対する説明責任の確保をこの先10年間で実現させるための計画である。ここでは「Stronger Together」をふまえつつ,障害者の就労機会の促進を継続することが「地域参加プログラム」と並んで必要な取り組みの一つとされている。州政府は,「Stronger Together」の継続は,前章でみたNDISの趣旨に反しないといった見解を示している。「就労移行プログラム」に直接的に手を入れたわけではないが,就労をめざすプログラムを利用するならば,その「成果」は明確であるべきとして,通常の場での多様な就労形態を模索しながら,就労移行支援の取り組みが重視されていることは変わらない。「NSW2021」では学校教育についても教育成果の向上を謳っており,その具体策の一つが,第1節でみた「すべての子ども,すべての学校」プロジェクトである。

学校教育段階での準備から実際のトランジションまで,インクルージョンというキーワードが付与され,それぞれに応じた「成果」が明確に規定され,その獲得が問われるとともに,各所で連動する仕組みとなっていることがわかる。

## 小括

NSWにおいても,インテグレーション・インクルージョンとトランジショ

ンは，ともに優先課題として認識されてきた。それぞれ，1970年代から施策に先行した取り組みがあり，インテグレーション・インクルージョンの助成は1980年代以降から形を変えながら，トランジション支援においてはとくに1990年代以降から公的な取り組みが開始された。

インテグレーション・インクルージョンの推進においては，児童生徒の個々のニーズ把握が学校生活全体を通して多角的になされることが前提とされてきた。したがって，NSWは児童生徒のニーズを最優先におき，教育の場の統合を強力に推し進めることをあえて避けてきたが，1990年代半ば以降は，助成の仕組みを見直すことにより，児童生徒のニーズと通常学級のマッチングに本格的に乗り出した。2000年代になると，それでも支援が行き届いていなかった軽度の支援ニーズのある児童生徒の存在がクローズアップされ，支援対象の規定における焦点が障害からニーズへと転換された。このような動きは，連邦政府がホバート宣言以降，リテラシー・ニューメラシーの獲得と向上を重視したこととも連動し，ファンクショナルな取り組みを模索する契機となった。現在では，「NSW2021」やその一環である「すべての子ども，すべての学校」改革を通して，児童生徒のニーズは主としてリテラシー・ニューメラシーに即して理解されるにとどまらず，NAPLANなどで具体的な成果を出すために，ファンクショナルな取り組みの充実がめざされている。

トランジション支援については，1989年のパイロットプログラムの実施が大きな契機となり，NSW版トランジションモデルの策定からITPフォーマットに至るまで，トランジション支援における一定の型が築かれた。そして，トランジション支援の重要性は，教育施策の文面にも反映され，学校教育修了後の選択肢も徐々に整備されていった。しかしながら，学校教育修了者のためのプログラムの変遷からは，障害のある若者個々の幅広いニーズに応えられる多様な選択肢を効率よく配置することは容易でないこと，さらに，トランジション支援の成果として何をどのように掲げるべきかといった，障害者の多様なニーズを前にした難しさが窺える。就労は成果として実に明確なものであり，そ

のためのスキルなどの規定や取り組みは，まさに目に見える成果を積み重ねていくものである。このような取り組みは現在，高齢化も見据えた予算削減も念頭に強調されるとともに，ソーシャル・インクルージョン推進の文脈に位置づけられている。

以上のような流れのなかで，学校はどのような役割を担うのか。トランジションを直接的に支えるカリキュラムとして，「職場・地域での学習」やVETをみると，連邦政府が奨励する「就労に必要なスキル」の習得はもちろんのこと，リテラシー・ニューメラシーの獲得もそこに有機的に結合させ，目に見える成果として期待されている。学校教育の最終段階にあるトランジション支援は，障害のある児童生徒のニーズをここに集約させているといえ，行動主義的な教育観に貫かれている。

ナショナル・カリキュラムが本格的に施行された後，どのような変更がありうるのかは今後を見守るほかないが，この方向性は基本的には継続されることが予想される。

注
(1) McRae, D.（1996）*The Integration / Inclusion Feasibility Study: Report for the Minister for Education and Training*, Sydney, 38.
(2) *Ibid*.
(3) *Ibid*., 39-40. また，NSWの障害児教育を全体的にレビューし，今後の展望を示した1982年のNSWの障害児教育に関する報告（下記，いわゆるDoharty Report）では，すべての子どもにとって，近隣の学校が最大の利益を保障される場所であるべきことが述べられている。これについては，Working Party on a Plan for Special Education in NSW（1982）*Strategies and Initiatives for Special Education in NSW: a report of the Working Party on a Plan for Special Education in NSW*. Author, Sydney, 98-105.
(4) McRae, D., *op. cit.*, 15.
(5) *Ibid*., 23.
(6) *Ibid*., 40.
(7) 時期が前後するが，NSWは1976年に「反差別法（Anti-Discrimination Act）」

を制定している。当時は人種を理由とする差別のみの扱いであったが，1981年には肢体不自由（physical disability），1982年には知的障害（intellectual impairment）が加わり，1994年には両者を障害（disability）として扱うようになった。そこでは，教育に関して，原則として障害のない者と同様に，公立学校いずれにおいても就学が認められるべきとした。このような差別禁止の観点も，インテグレーションを後押しした。とはいえ，学校が要求する学力の基準に到達できない場合は，その限りではない。また，現在では行動障害の児童生徒はとくに，他者に危害を与える可能性があれば，合法的に通常学校を出されることもありうる。反差別法に関しては，NSW 反差別局（Anti-Discrimination Board）の下記のサイトを参照。http://www.antidiscrimination.lawlink.nsw.gov.au/adb/adb1_antidiscriminationlaw.html,c=y（2014年5月17日アクセス）

(8) McRae, D., *op. cit.*, iii - vi.
　　ここでは，インテグレーションおよびインクルージョンは明確に定義されておらず，併記されているため，本書でもそれにならっている。

(9) NSW Department of School Education（a）（1997）*1997 Guidelines for State Integration Program Funding.* Author, Sydney, 2-3. ここでは，支援ニーズの程度を3段階（High Support Needs, Moderate Support Needs, Low Support Needs）に分けている。軽度の支援ニーズのある児童生徒たちも対象にはなったが，優先順位は低くなり，たとえば，行動障害があるならば，各学区の行動障害対応のプログラムを活用すべきことも明記されている。

　　ここで把握されるニーズは具体的には以下のとおりである。これについては，*Ibid.*, 5.
① カリキュラムへのアクセスにかかわるニーズ（個別の教育計画の発展，教員の研修など）
② パーソナル・ケアにかかわるニーズ（摂食，排泄，投薬，安全確保など）
③ 身体の動きにかかわる支援ニーズ
④ コミュニケーションにかかわる支援ニーズ（支援機器使用など）
⑤ ソーシャルスキルにかかわる支援ニーズ（対人関係スキルの発達にかかわって）
⑥ 学校内にある活用可能な資源
⑦ 学区内にある活用可能な資源
⑧ 個別性の高い教育目標に向けて付加される必要のある支援

　　マクレー報告により，障害のある児童生徒個々のニーズに直接的に対応しながら，インテグレーション・インクルージョンを実質的に保障する取り組みが開始されたといえる。

(10) Parkins, W.（2002）*Review of Support for Students with Low Support Needs Enrolled*

*in Regular Classes.* NSW Department of Education and Training, Sydney, 9.
（11） NSW Department of Education and Training（b）（1995）*Learning Together: A discussion paper for school communities.* Author, Sydney, 4-5.
（12） NSW Department of Education and Training（c）（2004）*Students with Disabilities in Regular Classes: Funding Support.* Author, Sydney, 2-3. 申請時に把握されるべき支援ニーズは，下記のようにより詳細な区分けが設けられた。
　① キー・ラーニング・エリア
　　カリキュラムの変更，教授方法にかかわる支援ニーズ
　　支援レベルを 4 段階で評価
　② コミュニケーション
　　受容（receptive language）と表出（expressive language）の二つの支援ニーズ
　　それぞれ支援レベルを 3 段階で評価
　③ 参加
　　対人関係能力（social competence）と安全性（safety）の二つにかかわる支援ニーズ
　　支援レベルについては，前者は 4 段階，後者は 3 段階で把握
　④ パーソナル・ケア
　　衛生の確保（hygiene），摂食と栄養の確保（eating and dietary），ヘルスケアの三つにかかわる支援ニーズ
　　衛生とヘルスケアについての支援レベルは 3 段階，摂食と栄養に関しては 2 段階で把握
　⑤ 身体の機能
　　移動と姿勢の保持（mobility and positioning），手指の機能（hand motor skills）の二つにかかわる支援ニーズ
　　支援レベルについては，前者は 3 段階，後者は 2 段階で把握
（13） Parkins. W., *op. cit.*, 6-7.
（14） NSW Department of Education and Training（d）（2006）*The Learning Assistance Program: A Reflective Study.* Martin & Associates P/L, Lane Cove, NSW, 5.
（15） *Ibid.*, 8. を参照。学習困難を専門に支援する教員は1989年から配属されている。これについては，McRae, D., *op. cit.*, 15.
（16） NSW Department of Education and Training（e）（2003）*Disability Criteria*（school sector）.
（17） *Ibid.*
（18） NSW Department of Education and Communities（2012）*Every Student, Every School; Learning and Support.* Author, Sydney, 5.

(19) NSW Department of Education and Training (f) (1998) *Special Education Handbook for Schools*. Author, Sydney, 7.
(20) 佐藤博志 (1996) オーストラリアにおけるナショナル・カリキュラムに関する考察――実施過程を中心に. 比較教育学研究, 第22号, 101-112.
　たとえばNSWでは, 下記①～⑧のキー・ラーニング・エリアに沿って中等教育科目を次のように設定した。
　① 芸術（音楽, 演劇, ヴィジュアル・アーツなどが相当）
　② 英語
　③ 人間社会と環境（地理, 歴史, 経済, 法律, アボリジニ学習などが相当）
　④ 数学
　⑤ 現代・古典外国語（日本語, フランス語, 中国語, ドイツ語などが相当）
　⑥ 保健体育（体育, 生活管理などが相当）
　⑦ 理科（科学, 物理, 生物, 農業などが相当）
　⑧ 技術（コンピューター, 食物, 産業技術, テキスタイルなどが相当）
(21) Board of Studies NSW (2004) *Studying for the NSW Higher School Certificate: An Information Booklet for Year 10 Students 2004*. Author, Sydney を参照。
(22) NSW教育・地域省の障害児教育担当, Brian Smith King氏へのインタビュー（2011年3月）より。
(23) NSW Parliament Legislative Council General Purpose Standing Committee No.2 (2010) *Inquiry into the Provision of Education to Students with a Disability or Special Needs*. NSW Parliament, Sydney, 36.
(24) *Ibid.*, 19.
(25) *Ibid.*, 11.
(26) *Ibid.*, 13-17. ここでのプロジェクト内容は以下五つの柱からなる。
　① 技能と知識ある教員になるための専門的な学び
　　障害児教育を専門に大学院で学ぶ機会の確保, オンラインでの学びの機会の拡充, 優先度の高い課題（前期中等教育段階の学習困難の生徒, 行動障害のある児童生徒, 遠隔地における精神疾患のある児童生徒たちへの支援等）についての学習機会の確保など
　② 通常学級に在籍する障害のある児童生徒への支援
　　学習支援チームや障害児学級, 早期介入・聴覚障害・視覚障害・トランジションにかかわる巡回教員は継続させつつ, すべての通常学校に, 学校のニーズに応じて障害児教育担当の教員1名（学校にもよるが, 後述の学習支援教員や早期介入担当教員, 行動障害にかかわる巡回支援教員, インテグレーションにかかわる巡回教員, 障害児学級担当教員, 自閉症や情緒障害等の外

部専門家としての教員などを再配置する）を配置など。
③ 専門的なセンターとしての障害児学校

支援技術の提供，健康状態や行動障害など高度かつ複雑なニーズのある児童生徒のケースマネージメント，学習プログラムの支援又は調整，各教育段階への移行支援など。
④ 付加的な学習や支援におけるニーズをよりよく理解し，満たすための教授法と教材の開発。

児童生徒の学習や支援ニーズに関するファンクショナルな評価ツールの開発，ファンクショナルな評価ツールを用いて子どもたちを支援するための教員研修の実施など。
⑤ 教授と学習を支援するための情報提供と専門性向上に向けた支援

関連ウェブサイトの改良，NSW 健康・高齢・障害・在宅ケア省（Department of Aging, Disability and Home Care Department）との協力の下で障害関係の専門家にまつわる情報提供の在り方の改良，シドニー大学等との学問的パートナーシップの下での読み困難に関する調査実施など。

(27) BOS による，下記のサイトを参照。
http://syllabus.bos.nsw.edu.au/curriculum-requirements/（2014年5月17日アクセス確認）

(28) 同上.

(29) Parmenter, T. R. and Riches, V. C.（a）(1991) Transition Education: A Pilot Program for Students with Disabilities in Transition in the NSW Department of School Education. *Australian Disability Review*, 91 (1), 1-9.

(30) Glenday, S.（1991) NSW Transition Model. In *From School to What ? Proceedings of the 1st National Conference on Transition Education for Students with Disabilities.* NSW Department of School Education, Sydney, 3-4.

(31) Parmenter, T. R. and Riches, V.C.（a）.

(32) 地域トランジションチームには，障害者本人や保護者はもちろん，権利を擁護する者，職業リハビリテーションカウンセラーやメンタルヘルスの専門家，職業訓練機関の代表者，就労サービス担当者，雇用主，住居や生活支援提供者，民間企業の代表者などがメンバーとされる。これについては，Riches, V. C. and Parmenter, T. R.（a）(1991) *Community Transition Teams: A Research and Development Report*. Unit for Rehabilitation Studies, School of Education, Macquarie University, North Ryde, NSW, 8.

(33) Parmenter, T. et al.（a） *op. cit.*, 7.

(34) Parmenter, T. R. and Riches, V. C.（b）(1991) *Establishing Individual Transition*

*Planning for Students with Disabilities within the N.S.W. Department of School Education.* Unit for Rehabilitation Studies, School of Education, Macquarie University, North Ryde, NSW, 9-11.
(35) 筆者が2000年にシドニーにて調査を行った際に入手したフォーマットである。
(36) Glenday, S., *op. cit.*
(37) Riches, V. C. and Parmenter, T. R.（b）（1993）*NSW TAFE Transition Course for Students with Disabilities : A Research and Development Report funded by the Department of School Education, Special Education Directorate.* Unit for Community Integration Studies, School of Education, Macquarie University, North Ryde, NSW, 2-3. TAFE は障害者向けコースの設置がなかなか進まなかったが，このパイロットプログラムを契機に，障害者のトランジションコースが設けられるなどした。これについては，*Ibid.* 7-8.
(38) Riches, V. C., Parmenter T. R. and Robertson, G.（c）（1996）*Youth with Disabilities in Transition from School to Community: Report of a follow-along of Students with Disabilities involved in the New South Wales Transition Initiative 1989-1994 Prepared for the Special Education Directorate NSW Department of School Education.* The Unit for Community Integration Studies, School of Education, Macquarie University, North Ryde, NSW, 20-23.
(39) *Ibid.*
(40) また州としての「障害者サービス法」を背景に，NSW 政府は障害者の職業訓練の充実に向けて連邦政府と協力していくことを明言した。これについては，
NSW Health and Ageing & Disability Department（1998）*NSW Government Disability Policy Framework.* NSW Government, Sydney, 9.
(41) Riches, V. C. et al.（c）, *op. cit.*, 20-23.
(42) *Ibid.*
(43) Board of Studies NSW（2007）*Stage6 Special Program of Study: Work and the Community Life Skills Course Syllabus Amended 2007.* Author, Sydney, 6.
(44) *Ibid.*, 14-18.
(45) NSW 学習局の以下のサイトを参照。
http://www.boardofstudies.nsw.edu.au/voc_ed/industry-curriculum-frameworks.html
（2014年５月17日アクセス）
(46) Board of Studies NSW（2005）*Stage6 Industry Curriculum Frameworks: Support Document for Students with Special Educational Needs.* Author, Sydney. を参照。
(47) *Ibid.*, 40. VET においても職場で有効なリテラシー・ニューメラシーの獲得に力を入れている。これについては，*Ibid.*, 39-44. に詳しい。

（48）*Ibid.*
（49）Riches, V C. et al.（b）, *op. cit.,* 3-4.
（50）Ageing and Disability Department（1997）*The Post School Options Program Guidelines.* Author, Sydney, 6.
（51）Ageing and Disability Department（1998）*Evaluation of Post School Options Program Summary Report.* Author, Sydney, 1-2.
（52）*Ibid.* 8-9.
（53）Department of Ageing, Disability and Home Care Department（2001）*Adult Training, Learning & Support（ATLAS）Project.* Author, Sydney. を参照。
（54）Department of Ageing, Disability and Home Care（2004）*Annual Report 2003-2004.* Author, Sydney, 23.
（55）Department of Ageing, Disability and Home Care Department（2006）*Community Participation Program Guideline Ver.2.* Author, Sydney, 5-6.
「地域参加プログラム」の基本方針は以下である。
① 利用者は家族や代弁者から支援を受けながら，プログラムに関する意志決定を行う
② 年代，ジェンダー，経験などを考慮した若者のためのプログラムをデザインする
③ 真にインクルーシブであること。地域の活動への参加を促進する
④ 成人期への移行において変化する利用者のニーズに柔軟に対応する
⑤ 利用者の文化的言語的多様性を尊重する
⑥ 遠隔地に暮らす利用者のニーズに応える
⑦ 利用者，家族，サービス提供者は真のパートナーシップで結ばれる
⑧ 限られた予算のなかで最高の支援を行う
（56）*Ibid.*, 7-8.「地域参加プログラム」の「成果」としては，具体的に以下が期待されている。
① 生活上のスキルを維持・発展させて，自立する
② レジャー，レクリエーション，社会的文化的活動に参加する
③ 地域において価値ある役割を積極的に担う
④ 地域に参加し，インクルードされる
⑤ 友人関係や支援ネットワークを拡大する
⑥ アボリジニをはじめとする文化的言語的に多様な背景をもつ利用者も，公正に支援を利用できる
⑦ 多様な活動を経験し，成人生活への移行に際して支援を受ける
（57）*Ibid.*, 15-17.

(58) Department of Ageing, Disability and Home Care Department（2008）*Transition to Work Program Guideline Ver.2.* Author, Sydney, 5.
(59) *Ibid.* 6-7.
(60) *Ibid.* 9-11.
(61) Ageing, Disability and Home Care Department of Family and Community Services NSW（2009）*From Protection to Productivity; an Evaluation of the Transition to Work Program.* Author, Sydney, 12.
(62) *Ibid.*, 19. レビューでは，基本方針が曖昧になり，どっちつかずの実践が行われることが危惧され，「就労支援プログラム」にかかわる活動と「地域参加プログラム」にかかわる活動の厳密な区分が提言されている。
(63) *Ibid.*, 12.
(64) NSW Department of Ageing, Disability and Home Care（2007）*Stronger Together: a new direction for disability services in NSW 2006-2016.* Author, Sydney. を参照。
(65) *Ibid.*, 19.
(66) 1988年までの12年間，1995年からは16年間と，労働党政権が長期化する傾向にあったが，労働党の惨敗は，連邦レベルでも労働党が単独で政権を取ることが難しい状況とリンクしているといわれる。
(67) NSW Government（2011）*The Productivity Commission Inquiry Into a National Disability Long Term Care and Support Scheme : NSW Government Response to the Draft Report on Disability Care and Support.* Author, Sydney, 2-5.
(68) NSW Department of Premier and Cabinet（2012）*NSW 2021 Performance Report 2012-13.* Author, Sydney, 3-11.「教育と地域」の分野では，①NSWのスキルのベースラインを上げる，②すべての児童生徒の教育および学習成果を向上させる，③地域によりかかわりやすくする，④アボリジニの人々の機会とパートナーシップを促進させる，以上が目標として掲げられている。

## 資料

| 個別トランジション計画　1ページ |||||
|---|---|---|---|---|
| 学区 |||| 学校名 |
| 氏名 || 生年月日 || 学年・学級 |
| 住所 |||| 電話番号 |
| ^^ |||| 卒業予定年 |
| 計画策定者 |||| 電話番号 |
| チーム構成員 || 電話番号 || 生徒との関係 |
|  ||  ||  |
|  ||  ||  |
|  ||  ||  |
|  ||  ||  |
| 計画の合意 |||||
| 会議日 | 策定者サイン | 生徒サイン | 保護者サイン | その他関係者サイン |
|  |  |  |  |  |
|  |  |  |  |  |
|  |  |  |  |  |

| 個別トランジション計画　2ページ ||
|---|---|
| 生徒の氏名 ||
| 会議日 | 次回の会議日（計画のレビュー） |
| 計画の領域（レビュー内容） | 卒業後の生徒本人と家族の希望は何か？ |
| ・中等教育—キーラーニング・エリア<br>　英語<br>　数学<br>　科学<br>　人間社会と環境<br>　英語以外の言語<br>　技術<br>　芸術<br>　保健体育 | 雇用についての希望 |
| ・継続教育<br>・職業訓練<br>・地域生活 | 生活の仕方（場所・方法）についての希望 |
| ・移動／身体の動き<br>・健康／地域支援サービス<br>・金銭／収入管理<br>・権利擁護／法的対応<br>・行動管理<br>・コミュニケーション<br>・社会的人間関係のスキルと支援 | 社会的活動／レクリエーション活動についての希望 |

| 個別トランジション計画　3ページ ||||||||
|---|---|---|---|---|---|---|---|
| 氏名 ||| 計画策定日 || 計画のレビュー日 |||
| 計画の領域 ||| キーラーニング・エリア || 学年・学級 |||
| 最終目標 | ねらい | 内容 | 責任者／機関 | 実施日数 | 活動頻度 | 完了日 ||
| | | | | | | ||
| | | | | | | ||
| | | | | | | ||
| | | | | | | ||
| | | | | | | ||
| | | | | | | ||
| | | | | | | ||

注：筆者が2000年に入手したフォーマットより作成。

# 終　章
# 本研究の総括

　本書は，オーストラリアにおいて，障害のある生徒のトランジション支援がどのように課題として認識され，施策化され，実践されているのかを明らかにすることを試みてきた。改めて，以下，本書の研究課題 3 点を提示する。

① オーストラリアの障害のある生徒のトランジション支援における理念形成に多大な影響を与えた，国際的な理論の到達点を示す。

② オーストラリアの連邦政府レベルにおいて，障害のある生徒のトランジション支援が政策課題として浮上する過程と，そのなかで学校役割がいかに議論され，施策化されていったのかを，教育及び福祉を含む教育以外の関連分野の動向より明らかにする。

③ ニューサウスウェールズ州という州レベルにおいて，上記の連邦政府レベルの施策がいかに反映され，具体化されているのかについて明らかにする。

　本章では，これらの研究課題について明らかになったことを整理し，障害のある生徒のトランジション支援に対する学校役割を規定していく要因と，その

結果としてどのような実践が生じることになるのかといった，トランジション支援の性格ともいうべきものを考察する。

## 第1節
## 障害のある生徒のトランジション支援における理論的到達点

　OECD/CERIによる障害のある生徒のトランジションにまつわる調査研究は，トランジション支援が障害のある生徒の「成人への権利」保障であること，従来の「無能」とされる障害者観からの脱却とノーマライゼーションやエンパワメントといった概念の付加が必要なことを指摘し，義務教育整備の次の課題とした。さらに国連関係の文書では，インクルーシブな社会の形成において，トランジション支援は確固たる位置づけを与えられた。

　そこでとくに長期にわたって障害のある生徒とかかわる学校には，大きな期待が寄せられることとなった。学校は，円滑なトランジションを支援するために，どのような働きをすべきなのか。トランジションの最終目標の在り方とともに，論点となった。

　トランジションの最終目標は，就労を含め多様な形態を認めるものに変更されていき，ハルパーン（Halpern, A. S.）によるトランジションモデルの刷新は意義あるものであった。また，トランジションをライフ・スペースとライフ・スパンの観点から捉え，それに向けた学校教育を，キャリア発達を促すためのものとして位置づけたキャリア発達研究の知見は重要であった。

　トランジション研究とキャリア発達研究を総合すれば，トランジションに向けた学校教育は，生徒の社会認知的発達を重視するキャリア発達の観点に立って，ファンクショナル／キャリア発達カリキュラムを，関係機関連携を，そしてインテグレーション・インクルージョンを検討し，機能させる必要がある，ということになる。キャリア発達とトランジションの両者は，相互を成り立たせるうえで必要な視点といえる。

以上のようなトランジションとそれにともなう学校教育のあり方に関する理論的到達点の一方で，トランジションが国家の教育に対する関心の向け方と密接な関係をもって実施されるという点も明らかになった。アメリカにおけるキャリア教育の衰退や，初期のトランジションモデルにおける雇用重視の目標設定などには，国家の教育に対する関心の向け方を如実に表す法整備等が大きく影響していた。障害者や彼らを支える人々の要求もさることながら，国家のニーズ，とくに経済状況を見越した教育への関心がトランジション支援には深くかかわっていた。

　したがって，身辺自立や職業的自立といった狭義の自立論から過度にその役割が規定されていた障害児教育からの脱却がいかに可能となるのかを考察するためには，上記の学校教育に求められる事柄の具体的な中身を，まずは精緻に捉えていく必要があると考えられた。

## 第2節
## オーストラリアの教育行政におけるトランジション支援の登場と学校役割の規定

　オーストラリアにおいて，障害のある生徒のトランジションは，とくに1960年代からの中等教育の大衆化と若者全体のトランジションの困難のなかで課題として浮上した。この頃から学校単位，州単位で職業体験の導入をはじめとする独自の取り組みがなされていたが，1970年代に入ると，労働党政権下で教育の機会均等化の観点から障害児教育振興が開始され，1980年代には，インテグレーションの実施とともにトランジション支援も優先課題として位置づけられるようになった。そして，施策に先行して実施されていた州や学校の取り組みに対して，連邦政府による助成の道が開かれた。連邦政府に教育予算の在り方を提言する役割を担った連邦学校審議会の存在は，実に大きかった。ホイットラム政権下で誕生した当審議会は，その後，政権交代がなされても積

極的に提言を続けた。教育の機会均等化をスローガンに，各学校での取り組みを励ますボトムアップの姿勢は，トランジション支援を施策課題の一つに押し上げるうえで不可欠なものであったといえる。

　しかし，トランジション支援にかかわる学校役割についての教育学的議論は，障害児教育の観点から十分に深められることはなかった。先のOECD/CERIをはじめとする国際動向は，「成人への権利」やノーマライゼーションなど，障害があるからこその理念を提供している。したがってこれらを踏まえつつ，障害のある生徒にとっての学校役割がそれとして検討される必要があったと考えられる。ところが学校役割については，1980年代に入ってからの国家経済の悪化や若者の失業率の高さが社会問題化されるなかで議論され，障害のある生徒にとっての学校役割もそれと同様に扱われた。確かに連邦学校審議会は，学校が若者の失業率低下の役割を担わされることに反発し，職業教育訓練とは異なる一般教育の必要性を主張した。しかしそもそも一般教育とはいかなるものか，そして，障害のある生徒にとっての意義，教育内容や方法についてはとくに多くの曖昧さを残していた。ウィリアムズ報告においては，若者の失業は学校教育の責任として捉えられ，雇用の論理を積極的に引き受けた形で学校役割が議論され，学校としての独自の役割という観点は不明瞭であった。とりわけ，障害のある生徒に関しては全国的な実態が明らかにされる必要を述べ，先行例としてあった職業リハビリテーションからの取り組みなどに，就労移行支援としての評価を与えたに過ぎなかった。

　1990年代の経済合理主義が浸透した教育行政においては，連邦学校審議会の発言権は縮小される一方，ウィリアムズ報告の見解が一層精緻化され，具体化されていった。たとえばフィンレビューやメイヤー報告では，後期中等教育在籍率を向上させ，その間，生徒たちが習得すべきオーストラリア社会において必要なコンピテンシーやスキルを産業界の声を反映して規定し，それを身につけられるようにするための策が模索された。連邦政府と各州の協働体制が築かれ，リテラシー・ニューメラシー，問題解決能力，情報処理能力などの獲得

と，学校における職業教育訓練の導入や資格取得が奨励された。障害のある児童生徒も，「公正」の実現という文脈からこの動向に位置づけられ，「生産的」な存在になりうるのだという障害者観の転換をもって，リテラシー・ニューメラシーの獲得に向けた特別なプログラムの実施や，トランジション支援の体制づくりが進められていった。

　以上は，その後の教育施策の土台となり，たとえば2000年代に入ると経済のグローバリゼーションの観点からも支持された。「就労に必要なスキル」が定義され，実際にも後期中等教育のVETカリキュラムに反映された。加えて，2007年からの労働党政権においては，PISAの結果の低迷を受けて，リテラシー・ニューメラシーの獲得に向けた施策に拍車がかかり，「世界基準」をめざすNAPLANやナショナル・カリキュラムが実施されるようになった。国際的なインパクトを真正面から受けて，国家協働は一層強化され，学校はリテラシー・ニューメラシーをはじめとして，目に見える成果を具体的に要求されるようになったのである。このような学校役割の全国的な統一が図られたうえに，障害のある児童生徒も付加的な支援を受けることで，その対象からも，そして期待される成果からも排除されることはない。学校教育の具体的中身の次元で，障害のある児童生徒はインクルードされることとなった。

## 第3節
## オーストラリアの教育以外の分野におけるトランジション支援

　「賃金稼得者の福祉国家」といわれ，賃金労働に価値を与えてきたオーストラリアにおいて，障害者は長らくそのようなモラルから排除されてきたという。しかし，1970年代からの職業リハビリテーションの取り組みは，障害者の雇用可能性をひらいただけでなく，ノーマライゼーションを念頭に置いたトランジション支援の先駆けともなった。教育行政側からも，「職業準備センター」

の取り組みは高く評価され，学校教育との連携の必要性が指摘されるなどした。

　経済合理主義的教育改革とほぼ同時期，国際障害者年にともなって，障害者施策も抜本的に転換された。ここでは，アメリカの自立生活運動から影響を受けつつ，あらゆる場面において障害者の社会参加を推進することがめざされ，さらに，サービス利用者が得ることになる成果を明確に捉えることから，サービスの在り様を検討することが求められた。障害者自らが積極的に地域に出ていけるようにするための改革がトランジション支援を課題としたのは必然であり，1986年のDSAが学校教育修了後の生活を見通したトランジション支援の重要性を示したこと，保護雇用を一般雇用や援助付き雇用へのプロセスと位置づけたことはとくに注目された。トランジション支援の具体的成果として，一般雇用や援助付き雇用が規定されたといえる。1990年代に入ると，連邦政府と各州はそれぞれが管轄する障害者サービスを整理し，協働体制が築かれた。就労にまつわるサービスが連邦政府の責任下で実施されるようになったことからも，トランジション支援の具体的成果としての就労にかかる期待の大きさが窺える。

　1992年にはDDAが制定され，DSAと両輪で，ノーマライゼーションの実現を支えることとなった。ここでは対象を幅広くとらえ，直接差別と間接差別を規定し，「合理的調整」を求めることで，差別是正を具体的に行うことがめざされている。DDAの趣旨をより具体的に徹底するために制定される「障害基準」も，法的拘束力をもつ。2005年には「教育における障害基準」が示され，すべての学校が遵守するものとなっている。障害者雇用の分野での「障害基準」は未だ完成していないが，雇用主が「合理的調整」をはかることは義務とされている。何らかの成果を追求するために，付加的な支援を「合理的調整」として幅広く保障していく道筋ができたことで，障害者に限定しない通常の枠組みのなかで，障害者のニーズに柔軟に応えていくことがめざされるようになった。

　トランジション支援にかかわって，次の大きな動きとしてあったのは，

2006年の「福祉から雇用へ」改革である。これは，社会の高齢化を受けて持続可能な福祉システムを構築するために，障害年金受給に一定の限度をかけ，求職活動や職業教育訓練を強化したもので，まさに福祉に頼らない失業対策であった。ここでは，いうまでもなく学校教育段階からの就労移行支援の必要性が一層強調され，改めて職業教育訓練やリテラシー・ニューメラシーの獲得が求められた。「福祉から雇用へ」改革におけるトランジション支援の重視は，ノーマライゼーションの実現とは別に，経済の論理から実にわかりやすい成果が設定された点が特徴的であった。

そして現在「福祉から雇用へ」といった言い方こそされないが，就労移行支援を重視する姿勢は変わらない。障害者から直接寄せられた意見をふまえ，インクルーシブな社会において，障害者にとっての人生の選択肢や決定を豊かなものとすることがめざされている。その背景には，やはり高齢化社会を見据え，持続可能な福祉の実現を急務としたことに加え，ソーシャル・インクルージョンの実現に向けた姿勢がある。2007年に政権を奪還した労働党が主張するソーシャル・インクルージョンは，2008年に批准した障害者権利条約によっても，障害のある当事者側からも妥当性が与えられているかのように扱われている。国家協働の枠組みはここでも強化され，「国家障害戦略」は，ソーシャル・インクルージョンの傘の下に福祉を置き，教育を位置づけた。先の「障害基準」の徹底と併せて，障害者主体のサービスを実質的にも保障する，つまりはサービス利用者の求める具体的な成果を保障するという施策の方向性が共有されている。改革理念として，障害者が主体的な存在になり得る社会形成と，持続可能な福祉という経済の論理がここにきて融合したといえよう。

## 第4節
## ニューサウスウェールズ州での具体的展開

　国家協働の枠組みのもとで共有されたソーシャル・インクルージョンは，

NSWにおいては「NSW2021」（2011年），またその一環である「すべての子ども，すべての学校」改革（2011年）と「Stronger Together」改革（2006年）において具体策が展開されている。ニーズの把握，ニーズと支援のマッチング，そして明確な成果の追求の三つは，教育においても福祉においても共通した重要な観点となっている。

　まず，NSWでは第2節でまとめた連邦政府の教育施策を，教育対象としても教育成果からも障害のある児童生徒が疎外されない，「多様性」に応える教育の実現と捉え，州としても改革に乗り出している。NSWにおいて，1980年代にインテグレーションが施策の課題として登場した際，その焦点は，通常学級に在籍する中度から重度の障害のある児童生徒に当られた。1990年代に入ると，インテグレーションに関する障害のある児童生徒のニーズを詳細に把握する努力が始まる。1990年代後半には，通常学校における障害児教育の振興が，インクルーシブ教育の実現に向けて開始されるに至った。とりわけ，学校全体での取り組みを支える「学習支援チーム」の形成，「学習支援チーム」による詳細なニーズの把握や個別の計画策定は，通常学校における障害のある児童生徒を支援するための基本とされた。そして2000年代には，軽度の支援ニーズのある児童生徒に支援対象から漏れてしまいがちであること，また，そのような児童生徒のなかにこれまでの障害児教育対象に当てはまらないケースがあることが指摘され，障害という観点を後退させた形での児童生徒の学習におけるニーズに即したファンクショナルな取り組みが模索される契機が与えられた。障害のある児童生徒のニーズの内実を規定するうえで，国家協働のもとで共有されたリテラシー・ニューメラシーの重視，とりわけNAPLANの存在は大きく，NSWにおいては「学習支援プログラム」や，それを踏まえた「すべての子ども，すべての学校」改革に大いに生かされた。

　トランジション支援については，1989年のパイロットプログラムの実施が大きな意味をもった。トランジションの概念を確立するだけでなく，カリキュラム構造や学内での支援体制，そして学校卒業後の支援のあり方に至るまで，

障害のある生徒のトランジションを支援するための広範な作業が進められた。パイロットプログラムの参加校は年々増加し，トランジションは従来からのインテグレーション・インクルージョンとセットで，NSWの障害児教育政策におけるキーワードとして登場するようになった。そこでは障害のある生徒にとって，後期中等教育段階だけでなく中等教育段階全体が，学校教育修了後の生活に必要なスキルや能力を身につけるための段階と捉えられた。加えて，保護者，他の行政省，高等教育機関，そして他の機関がともに協力し，質の高い教育プログラムを学校教育修了後の選択肢まで継続して提供すべきことも明記された。そのために，学校では個別の計画を策定すること，意思決定段階に保護者や家族の関与を積極的に認めること，そして関係諸機関連携をより強く推進することといった三つの要素が求められた。これは，NSWにおけるトランジション支援の体制づくりに関する到達点であり，第1節でみた国際的な理論の到達点にも沿うものとなっている。

　これに連動して，学校教育修了後の選択肢も整備されていった。PSOプログラムからATLASへ，そして，現在の「地域参加プログラム」「就労移行プログラム」に至る過程は，障害のある生徒の幅広いニーズを前に，トランジション支援のプログラムの成果をどこに定めるかの変遷でもあった。「国家障害戦略」やNDISに反しないとされた「Stronger Together」改革，それを継承した「NSW2021」改革は，サービス利用者のニーズと支援内容の合致，さらに，それによる確実な成果の獲得をめざした取り組みである。この観点は決して新しいものではないが，社会の高齢化を背景に緊急の課題とされたと同時に，障害者の立場に立ったソーシャル・インクルージョンの実現においても不可欠とされている。

　では実際に，障害のある生徒はどのような準備を経て，学校教育修了後の選択肢につながるのかについて，後期中等教育カリキュラムから検討した。トランジション支援にかかわるものとしては，キャリア探索を主たる目的とした「職場・地域での学習」と，特定の職業群のコンピテンシーやスキルの習得をめざ

すVETが挙げられる。VETにおいても，リテラシー・ニューメラシーの重要性が述べられており，生徒本人の進路選択や進路決定を踏まえて，段階的に職業教育訓練につなげていくカリキュラム構造のなかで，リテラシー・ニューメラシーと就労におけるコンピテンシーやスキルは切り離せない関係にあることが具体的に示されている。トランジション支援は後期中等教育の最終2学年が主たる対象であり，学校教育の最終章としてある。学校教育における障害のある児童生徒のニーズは，トランジション支援の名の下に，最終的にはここに集約されているのであり，行動主義的な子ども把握や教育実践が導入，強化されている。学校教育の成果は学校教育修了後のプログラムの成果に欠かすことのできないものであるために，上記の成果を追求するという学校役割は，障害のある生徒を排除せず，若者のトランジションを全体として円滑なものとするための構造のなかで，一層強固に規定されている。

　第1節でも整理したように，トランジション支援は，学校教育修了後の選択肢が整備されることと同時に，学校役割のとらえ返しを要求するものである。この点が連邦政府レベルでも曖昧なままであることは，第2節で述べた。NSWにおいては，ファンクショナルな取り組みへの舵きりを含む改革が実施されているとはいえ，そもそもの学校の役割，より具体的にいえば障害のある生徒の発達的観点を踏まえた就労への接続の仕方に関する議論や，就労以外の選択肢を模索する生徒の学校役割についての議論は，あまりに不十分といわざるを得ない。とくに後者にかかわって，目に見える具体的成果として実にわかりやすい就労とは異なり，行動主義的に把握できない成果やこれに関する学校役割については，連邦政府においてもNSWにおいても，政策策定プロセスにおいて論点とさえされてこなかった。実態としては，学校教育修了後のプログラムにおいて，成果が目に見えにくい選択肢を要する者が少なくないにもかかわらず，である。就労への接続の仕方が教育学的に検討されることが少ないといった点に加え，トランジション支援における学校役割についてのもう一つの課題をここにみることができる。

## 第5節
## 障害のある生徒のトランジション支援における学校役割を規定するもの

　以上，オーストラリアにおけるトランジション支援についてみてきた。ここでは，オーストラリアの動向を左右した要素，とりわけ学校役割を規定するものを整理するが，オーストラリアとしての独自性が認められるところがありつつも，日本においても共通する要素を洗い出すことを試みる。

　オーストラリアにおいて，障害のある生徒のトランジション支援に理論的根拠を与えているのは，①ノーマライゼーションやソーシャル・インクルージョンといった社会形成に関する理念，②国際動向における「成人への権利」やオーストラリアにおいて重視されてきた「社会的公正」といった障害者の権利に直接関係する理念，③グローバリゼーション・高齢化・失業への対応といった経済の論理，以上大きく三つであった。

　これらはそれぞれが深くかかわりながら，トランジション支援に向けた学校役割の規定に多大な影響を与えることとなった。①②は排除のない社会形成をめざすインクルーシブ教育の推進に根拠を与え，とりわけ，障害を理由に排除されない，インクルーシブなカリキュラムとしての機能が期待されるナショナル・カリキュラムの実施につながった。インクルーシブ教育はPISAに大きく影響を受けた学力向上政策と親和性が高いことが窺え，ナショナル・カリキュラムがインクルーシブ・カリキュラムと言えるかについては，今後，検討されねばならない。また，トランジションにまつわる国際的な理論の動向において重要とされたファンクショナル／キャリア発達カリキュラムそのものの検討をふまえて，これとの関係も問われなければならないであろう。③は，PISAの存在も手伝って，リテラシー・ニューメラシーと，とりわけ就労場面で生かされることが期待されるコンピテンシーやスキルに大きな価値を置き，障害のある生徒もこれらを確実に身につけることが求められた。

施策がそうであるために，いわば自然なことではあるが，各学校は，リテラシー・ニューメラシーも，コンピテンシーもスキルも，目に見える成果として追求する成果追求型，能力追求型の取り組みが要求され，結果，行動主義的教育観に貫かれている。

以上は日本の動向にも多々共通する，障害のある生徒のトランジション支援における性格ともいえるべきものとして捉えられるのではないだろうか。

オーストラリアでは，障害のある生徒にとっての学校役割についての議論が，それとして十分に深められることはなかった。就労をめざす場合も含め，上記の動向に対して，障害児教育研究者が疑問を投げかけることも少ない。

確かに，学校教育にはインクルーシブな社会形成の一助となることが期待されてはいるが，インクルージョンの実現に向けて機能するトランジション支援は経済の論理とある種の融合を果たし，学校教育そのものの役割に立ち返った議論はなおざりにされている印象が否めない。

このあたりについては，NSW以外の動向を検討することにとどまらず，オーストラリア社会で就労及び就労以外の選択肢にどのような価値が与えられてきたのか，就労をめざすか否かを問わず，障害児教育実践の蓄積がどうなされ，そのなかで何が確認されてきたのか。障害児教育研究と障害児教育研究実践はどのような関係性のもと，互いに発展してきたのかなどといったことを問う必要がある。また，施策の文書ではみえてこない，障害者本人や関係者の要望を把握することも重要となろう。これはオーストラリア研究としての今後の研究課題ではあるが，日本のトランジションに関する研究においても，同じく重要な論点としてあり続けるのではないだろうか。

# あとがき

　本書は，博士論文『オーストラリアにおける障害生徒のトランジション〜ニューサウスウェールズ州における学校役割を中心に』（一橋大学）を大幅に加筆修正したものです。

　オーストラリアとは長い付き合いになりますが，一国を理解することは極めて困難であり，またいうまでもなく，自国についての理解も深めることが必須であり，単著を出すうえでさまざまな準備を要しました。この間，妊娠・出産，職場復帰と，人生におけるトランジションを個人的にも複数経験し，本書を出すまでに予想していた以上の時間がかかってしまいましたが，多くの方々に助けていただきながら，このような形で区切りを迎えられたことに，ただただ感謝申し上げる次第です。

　一橋大学大学院社会学研究科では関啓子先生（現・名誉教授），藤田和也先生（現・名誉教授，國學院大学）に，大変丁寧にご指導いただきました。研究におけるご指導はもちろんのこと，先生方が身をもって示してくださった研究者としての生き方は，私の心に深く刻み込まれています。とくに，教育実践から真摯に学ぶこと，自分の研究が果たしうる役割を考えること，研究運動団体にかかわり研究と実践の往復関係にたずさわることの3点は，私の研究者として生きる指針となっています。心より感謝申し上げます。

　博士論文審査に外部から加わってくださった茂木俊彦先生（現・東京都立大学名誉教授，桜美林大学）にも，貴重なご指導を多々いただきました。日本における障害児教育に関して，障害児教育の研究運動団体にかかわるなかでも，多くを学ばせていただいていた茂木先生に審査に入っていただけたことは，大変光栄でした。本当にありがとうございました。

　またオーストラリアでは，ニューサウスウェールズ州の教育・地域省の方々

に大変お世話になりました。とくに，障害児教育担当の Brian Smith King 氏には，来日された際も含め，再三にわたるインタビューにご協力いただき，貴重な資料も多数いただきました。文献資料だけでは把握しがたいニューサウスウェールズ州としての理念や政策の方向性に関しての理解を助けていただいたことは，本当にありがたかったです。どうもありがとうございました。

　出版に当たっては，学文社の落合絵理さんにお世話になりました。単著の出版に不慣れな私を，最初から最後までサポートしてくださいました。執筆を励ましてくださったこと，本当にうれしかったです。どうもありがとうございました。

　最後に私事ではありますが，仕事，子育て，家事に追われる日々において，執筆作業に時間を割くことに協力してくれた夫・大輔と愛娘・真幸にも，感謝の気持ちを記します。どうもありがとう。

　本書では，今後の研究課題として引き取るべき内容が少なくないことを自覚しています。今後も引き続きご指導ご鞭撻のほど，何とぞよろしくお願い申し上げます。

　2014年盛夏

　　　　　　　　　　　　　　　　　　　　　　　　　　　山中　冴子

## 参考文献・論文一覧

**日本語文献・論文**

青木麻衣子（2008）オーストラリアの言語教育政策―多文化主義における「多様性」と「統一性」の揺らぎと共存．東信堂．

片岡美華（2011）オーストラリアのインクルーシブ教育施策と合理的調整―クィーンズランド州の動向を中心に．障害者問題研究，39（1），49-53．

梅永雄二（2000）自立をめざす障害児者教育．福村出版．

尾高進（2010）知的障害教育におけるキャリア教育と職業教育．障害者問題研究，38（1），20-27．

木村宣孝・菊地一文（2011）特別支援教育におけるキャリア教育の意義と知的障害のある児童生徒の「キャリアプランニング・マトリックス（試案）」作成の経緯．国立特別支援教育総合研究所紀要，38，3-17．

向後礼子（2006）職業評価からみた移行支援の課題―軽度発達障害者を対象として．発達障害研究，28（2），118-127．

国際社会福祉協議会日本国委員会（1981）世界の社会福祉．全国社会福祉協議会．

笹森健（2001）第2章1980年以降の教育改革の理念と動向．石附実・笹森健編，オーストラリア・ニュージーランドの教育，東信堂，27-37．

笹森健・佐藤博志（1994）オーストラリアにおける教育課程行政改革―ナショナルカリキュラムを中心に．青山学院大学教育学会紀要　教育研究，第38号，67-78．

佐藤博志（1996）オーストラリアにおけるナショナル・カリキュラムに関する考察―実施過程を中心に．比較教育学研究，第22号，101-112．

佐藤博志（2007）オーストラリアの教育改革に学ぶ―学校変革プランの方法と実際．学文社．

全国特殊学校長会編（2002）障害児・者の社会参加をすすめる個別移行支援計画．ジアース教育新社．

高木邦明（2005）オーストラリアの障害者福祉．相川書房．

竹田いさみ・森健編（1998）オーストラリア入門．東京大学出版会．

竹田紘子（2009）第4部第2章オーストラリア　1　障害者に対する差別禁止に係る法制度．内閣府，障害者の社会参加推進に関する国際比較調査研究　調査報告書，342-345．

田中良三（1997）知的障害児の職業教育の検討．障害者問題研究，25（2），28-41．

玉村公二彦（2004）制定に向けて動く．障害者権利条約．障害者権利条約資料集1，全国障害者問題研究会．

玉村公二彦・片岡美華（2008）オーストラリアにおける「学習困難」への教育的アプローチ．文理閣．

出相泰裕（2001）第2章第6節　多様な資格を取得できる継続教育．石附実・笹森健編，オーストラリア・ニュージーランドの教育．東信堂，101-113．

東京都知的障害養護学校就業促進研究協議会編（2003）個別移行支援計画Q&A基礎編——人一人のニーズに応じた社会参加へのサポート．ジアース教育新社．

中野善達（1997）国際連合と障害者問題．エンパワメント研究所．

西村淳（1999）第11章　社会保障・社会福祉の歴史と現状．小松隆二・塩野谷祐一編，先進諸国の社会保障②　ニュージーランド・オーストラリア．東京大学出版会，201-220．

21世紀の特殊教育の在り方に関する調査研究協力者会議（2001）21世紀の特殊教育の在り方について（最終報告）．

原智彦・内海淳・緒方直彦（2002）転換期の進路指導と肯定的な自己理解の支援——進路学習と個別移行支援計画を中心に．発達障害研究，24（3），262-271．

平田（天野）マキ（1999）第15章　障害者福祉．小松隆二・塩野谷祐一編，先進諸国の社会保障②　ニュージーランド・オーストラリア．東京大学出版会，285-299．

福地守作（1995）キャリア教育の理論と実践．玉川大学出版部．

マーク・テナント編著，中西直和訳（1995）オーストラリアの生活文化と生涯教育——多文化社会の光と影．松籟社．

松為信雄（2007）障害のある人のキャリア発達の形成と支援．発達障害研究，29（5），310-321．

松矢勝宏（2010）キャリア教育への接近．全国特別支援学校知的障害教育校長会編著，特別支援教育のためのキャリア教育の手引き——特別支援教育とキャリア発達，8-15．

望月葉子（2002）軽度発達障害者の「自己理解」の重要性．発達障害研究24（3），254-261．

望月葉子（2006）職業リハビリテーションからみた移行支援の課題．発達障害研究，28（2），109-117．

文部科学省（2004）キャリア教育の推進に関する総合的調査研究協力者会議報告書．

文部科学省（2006）小学校・中学校・高等学校　キャリア教育推進の手引き．

渡部昭男（1997）障害を有する青年のトランジション保障と職業教育のあり方．障害者問題研究，25（2），13-27．

渡部昭男（2009）障がい青年の自分づくり——青年期教育と二重の移行支援．日本標準．

山中冴子（2005）トランジション概念の国際的到達点—日本における青年期教育論との接点．埼玉大学紀要教育学部（教育科学），54（1），167-179．

山中冴子（2009）特別支援学校学習指導要領をめぐる論点．教育，59（7），83-91．

山中冴子（2009）第4部第2章　オーストラリア　3　障害を理由とする差別に対する保護・救済・推進のための組織．及び，4　障害を理由とする差別に対する保護・救済の仕組み．内閣府，障害者の社会参加推進に関する国際比較調査研究　調査報告書，356-365．

山中冴子（2009）第4部第2章オーストラリア　2　障害者に対する差別禁止に係る法制度に基づくガイドライン等について．内閣府，障害者の社会参加推進に関する国際比較調査研究　調査報告書，345-356．

## 英語文献・論文

Ageing and Disability Department（1997）*The Post School Options Program Guidelines*. Author, Sydney.

Ageing and Disability Department（1998）*Evaluation of Post School Options Program Summary Report.* Author, Sydney.

Ageing, Disability and Home Care Department of Family and Community Services NSW（2009）*From Protection to Productivity: an Evalution of the Transition to Work Program.* Author. Sydney.

Andrews, R. J., Elkins, J., Berry, P. B. and Burge, J. A.（1979）*A Survey of Special Education in Australia: Provisions, Needs and Priorities in the Education of Children with Handicaps and Learning Difficulties.* Fred and Eleanor Schonell Education Research Centre, Canberra.

Andrews, R. J.（1992）A National Perspective. In NSW Department of School Education, *From School to what? : Proceedings of the 1st National Conference on Transition Education for Students with Disabilities.* Author, Sydney, 38-43.

Ashman, A. and Elkins, J.（1998）Post-School Options for People with a Disability or Impairment. In Adrian Ashman and John Elkins（Eds.），*Educating Children with Special Needs.* 3rd ed., Prentice Hall, Upper Saddle River, N.J, 103-125.

Ashman, A. F.（1989）Change and Disability Services in Australia: a Ten Year Retrospective. *Australia and New Zealand Journal of Developmental Disabilities*, 15（2），73-80.

Australian Curriculum, Assessment and Reporting Authority（2010）*National Report on Schooling in Australia 2009.* Author, Sydney.

Australian Curriculum, Assessment and Reporting Authority（2011）*National Report on*

*Schooling in Australia 2010*. Author, Sydney.

Australian Curriculum, Assessment and Reporting Authority (2013) *Student diversity and the Australian Curriculum*. Authhor, Sydney.

Australian Curriculum, Assessment and Reporting Authority (2013) *The Shape of the Australian Curriculum Version 4.0*. Author, Sydney.

Australian Education Council Review Committee (1991) *Young People's Participation in Post-compulsory Education and Training: Report of the Australian Education Council Review Committee*. Australian Government Publishing Services, Canberra.

Australian Education Council, Mayer Committee (1992) *Key Competencies: the Report of the Committee to advise the Australian Education Council and Ministers of Vocational Education, Employment and Training on Employment-related Key Competencies for Post-compulsory Education and Training*. Australian Education Council and Ministers of Vocational Education, Employment and Training, Melbourne.

Australian Government (2011) *Australian Government Response to the Senate Education, Employment and Workplace Relations References Committee: Report on the Administration and Reporting of NAPLAN Testing*. Author, Canberra.

Australian Government Attorney-General's Department (2006) *Disability Standards for Education 2005 plus Guidance Notes*. Commonwealth of Australia, Canberra.

Australian Government Productivity Commission (2011) *Disability Care and Support: Productivity Commission Inquiry Report Executive Summary*. Author, Canberra.

Australian Human Rights Commission (2011) *Annual Report 2010-2011*. Author, Sydney.

Australian Healthcare Associates (2007) *Commonwealth State Territory Disability Agreement Annual Public Report 2005-2007*. Australian Government Department of Families, Community Services and Indigenous Affairs, Canberra.

Baume, P. and Kay, K. (1995) *Working Solution: Report of the Strategic Review of the Commonwealth Disability Services Program*. Australian Government Publishing Services, Canberra.

Board of Studies NSW (2001) *Stage6 Industry Curriculum Frameworks: Support Document for Students with Special Educational Needs*. Author, Sydney.

Board of Studies NSW (2004) *Studying for the NSW Higher School Certificate: An Information Booklet for Year 10 Students 2004*. Author, Sydney.

Board of Studies NSW (2007) *Stage6 Work and the Community Life Skills Course Syllabus Amended 2007*. Author, Sydney.

Bellamy, T. G. (1998) The Braid of Progress: People with Disabilities and Modern Societies. In M. Hauritz, C. Sampford and S. Blencowe (Eds.), *Justice for People with Disabilities*.

The Federation Press, Annandale, NSW, 2-14.

Brolin, D. E. and Loyd, R. J. (2004) *Career Development and Transition Services: A Functional Life Skills approach.* 4th ed., Pearson Merrill Prentice Hall, Upper Saddle River, N.J.

Committee of Inquiry into Education and Training (1979) *Education, Training and Employment: Report of the Committee of Inquiry into Education and Training.* vol.1, Australian Government Publishing Service, Canberra.

Commonwealth Department of Employment, Education and Training (1988) *Annual Report 1987-1988.* Australian Government Publishing Service, Canberra.

Commonwealth Department of Education, Science and Training (2002) *Employability Skills for the Future.* Author, Canberra.

Commonwealth Department of Education, Science and Training (2005) *Australian Government Programmes for Schools: Quadrennial Administrative Guidelines 2005-2008.* Author, Canberra.

Commonwealth Department of Education, Training and Youth Affairs (1997) *Commonwealth Program for Schools: Quadrennial Administrative Guidelines 1997-2000.* Australian Government Publishing Service, Canberra.

Commonwealth of Australia, Attorney General's Department (2005) *Welfare to Work: Budget 2005-2006.* Commonwealth of Australia, Canberra.

Commonwealth Schools Commission (1977) *School and Work: a discussion Paper.* Author, Canberra.

Commonwealth Schools Commission (1980) *The Education and Training of Handicapped Adolescents and their Transition to Adult Society: Policies and Practices in Australia.* Author, Canberra.

Commonwealth Schools Commission (1980) *Schooling for 15 and 16 Year-Olds.* Author, Canberra.

Commonwealth Schools Commission (1987) *In the National Interest Secondary Education and Youth Policy in Australia: an Overview.* Author, Canberra.

Conway, R. N. F. (1992) Disability and Legislation: the Relationship between Changing Policy and Changing Practices. *Australia and New Zealand Journal of Developmental Disabilities*, 18 (2), 66-73.

Costello, R. (1985) *The Participation and Equity Program: Consultant's Report to the Commonwealth Schools Commission.* Canberra Publishing and Printing Co., Fyshwick, ACT.

Council of Australian Government (2011) *National Disability Strategy: An initiative of the Council of Australian Governments.* Commonwealth of Australia, Canberra.

Council of Australian Government (2011) *National Disability Strategy: Summary Document.*

Commonwealth of Australia, Canberra.

Dudley, J. and Vidovich, L. (1995) *The Politics of Education: Commonwealth Schools Policy 1973-1995*. Australian Council for Educational Research Ltd, Melbourne.

Davis, L. (1998) Rights Replacing Needs: a New Resolution of the Distributive Dilemma for People with Disabilities in Australia?. In M. Hauritz et al. (Eds.), *Justice for People with Disabilities*. The Federation Press, Annandale, NSW, 15-27.

De Lemos, M. M. (1994) *Schooling for Students with Disabilities: a project funded by the Commonwealth Department of Employment, Education and Training on behalf of the Ministerial Council on Education, Employment, Training and Youth Affairs*. Australian Government Publishing Service, Canberra.

Department of Ageing, Disability and Home Care Department (2001) *Adult Training, Learning & Support (ATLAS) Project*. Author, Sydney.

Department of Ageing, Disability and Home Care (2004) *Annual Report 2003-2004*. Author, Sydney.

Department of Ageing, Disability and Home Care Department (2006) *Community Participation Program Guideline Ver.2*. Author, Sydney.

Department of Ageing, Disability and Home Care Department (2008) *Transition to Work Program Guideline Ver.2*. Author, Sydney.

Department of Education, Employment and Workplace Relation (2010) *Review of Disability Standards for Education 2005: Discussion Paper*. Commonwealth of Australia, Canberra.

Department of Education, Employment and Workplace Relations (2012) *Report on the Review of Disability Standards for Education 2005*. Author, Canberra.

Department of Education, Science and Training (2006) *Employability Skills From Framework to Practice: An Introductory Guide for Trainers and Assessors*. Author, Canberra, ACT.

Department of Employment, Education and Training (1996) *Commonwealth Programs for Schools: Administrative Guidelines 1996*. Australian Government Publishing Service, Canberra.

Department of Employment, Education and Training (2005) *Australian Government Programmes for Schools Quadrennial Administrative Guidelines 2005-2008*. Australian Government Publishing Service, Canberra.

Department of Families, Housing, Community Services and Affairs (2012) *Inclusive Employment 2012-2022: a vision for supported employment*. Author, Canberra.

Disability Investment Group (2009) *The Way Forward: a new disability Policy Framework for Australia*. Department of Families, Housing, Community Services and Indigenous Affairs, Greenway, ACT.

Drummond, N. W. (1978) *Special Education in Australia: with special reference to developments in the education of the handicapped in the decade of rehabilitation 1970-1980*. Royal Far West Children's Health Scheme, Manly, NSW.

Elkins, J. (2002) The School Context. In A. Ashman and J. Elkins (Eds.), *Educating Children with Diverse Abilities*. Prentice Hall, Frenchs Forest NSW, 73-113.

Glenday, S. (1991) NSW Transition Model. *From School to What ? Proceedings of the 1st National Conference on Transition Education for Students with Disabilities*. NSW Department of School Education, Sydney, 3-6.

Halpern, A. S. (1985) Transition: A Look at the Foundations. *Exceptional Children*, 51(6), 470-486.

Hasazi, S. B., Gordon, L. R. and Roe, C. A. (1985) Factors Associated with the Employment Status of Handicapped Youth Exiting High School from 1979 to 1983. *Exceptional Children*, 51(6), 455-469.

Handicapped Programs Review (1985) *New Directions: Report of the Handicapped Programs Review*. Australian Government Publishing Services, Canberra.

Harris, R., Guthrie, H., Hobart, B. and Lundberg, D. (1995) *Competency-based Education and Training : Between a Rock and a Whirlpool*. Macmillan Publishers Australia, South Yarra, VIC.

Healy, J. (Eds.) (2000) *Disability and Discrimination: Issues in Society*. 127, the Spinney Press, Balmain, NSW.

Ithaca Group Pty Ltd (2012) *Employability Skills Framework Stage 1: Final Report*. Department of Education, Employment and Workplace Relations, Canberra.

Interim Committee for the Australian Schools Commission (1973) *Schools in Australia: Report of the Interim Committee for the Australian Schools Commission*. Australian Government Publishing Service, Canberra.

Krumboltz, J. D. and Worthington, R. L. (1999) The School-to-Work Transition From a Learning Theory Perspective. *The Career Development Quarterly*, 47, 312-325.

Lent, R. W., Hackett, G. and Brown, S. D. (1999) A Social Cognitive View of School-to-Work Transition. *The Career Development Quarterly*, 47, 297-311.

McGray, B. (1996) *Their Future: Options for Reform of the Higher School Certificate*. Department of Training and Education Co-ordination NSW, Sydney.

McRae, D. (1996) *The Integration / Inclusion Feasibility Study: Report for the Minister for Education and Training*, Sydney.

Ministerial Council on Education, Employment, Training and Youth Affairs (1994) *National Strategy for Equity in Schooling*. Curriculum Corporation for the Ministerial Council on Education Employment, Training and Youth Affairs, Carlton, VIC.

Ministerial Council on Education, Employment, Training and Youth Affairs (1996) *National Report on Schooling in Australia 1994*. Curriculum Corporation for the Ministerial Council on Education, Employment, Training and Youth Affairs, Carlton, VIC.

Ministerial Council on Education, Employment, Training and Youth Affairs (2008) *Melbourne Declaration on Educational Goals for Young Australians*. Author, Melbourne.

Ministerial Council on Education, Employment, Training and Youth Affairs (2009) *MCEETYA four-year plan 2009-2012: A companion document for the Melbourne Declaration on Educational Goals for Young Australians*. Author, Melbourne.

Mithaug, D. E., Martin, J. E. and Agran, M. (1987) Adaptability Instruction: The Goal of Transition Programming. *Exceptional Children*, 53 (6), 500-505.

National People with Disabilities and Carer Council (2009) *Shut Out: the experience of people with disabilities and their families in Australia*. National People with Disabilities and Carer Council, Department of Families, Housing, Community Services and Indigenous Affairs, Canberra.

NSW Ageing, Disability and Home Care Department of Family and Community Services (2009) *From Protection to Productivity: an Evaluation of the Transition to Work Program*. Author, Sydney.

NSW Department of Ageing, Disability and Home Care (2007) *Stronger Together: a new direction for disability services in NSW 2006-2016*. Author, Sydney.

NSW Department of Education and Communities (2012) *Every Student, Every School: Learning and Support*. Author, Sydney.

NSW Department of Education and Training (1995) *Learning Together: A discussion paper for school communities*. Author, Sydney.

NSW Department of School Education (1997) *1997 Guidelines for State Integration Program Funding*. Author, Sydney.

NSW Department of Education and Training (1998) *Special Education Handbook for Schools*. Author, Sydney.

NSW Department of Education and Training (2003) *Disability Criteria (school sector)*.

NSW Department of Education and Training (2004) *Students with Disabilities in Regular Classes: Funding Support*. Author, Sydney.

NSW Department of Education and Training (2006) *The Learning Assistance Program: A Reflective Study*. Martin & Associates P/L, Lane Cove, NSW.

NSW Department of Premier and Cabinet (2012) *NSW 2021 Performance Report 2012-13*. Author, Sydney.

NSW Government (2011) *The Productivity Commission Inquiry Into a National Disability Long Term Care and Support Scheme : NSW Government Response to the Draft Report on Disability Care and Support*. Author, Sydney.

NSW Health and Ageing & Disability Department (1998) *NSW Government Disability Policy Framework*. NSW Government, Sydney.

NSW Parliament. Legislative Council. General Purpose Standing Committee No.2 (2010) *Inquiry into the Provision of Education to Students with a Disability or Special Needs*. NSW Parliament, Sydney.

OECD (1999) *Inclusive Education at Work: Students with Disabilities in Mainstream Schools*. Author, Paris.

OECD/CERI (1983) *The Education of the Handicapped Adolescent: the Transition from School to Working Life*. Author. Paris.

OECD/CERI (1986) *Young People with Handicaps: the Road to Adulthood*. Author, Paris.

OECD /CERI (1988) *Disabled Youth: the Right to Adult Status*. Author, Paris.

OECD / CERI (1991) *Disabled Youth: from School to Work*. Author, Paris.

Parkins, W. (2002) *Review of Support for Students with Low Support Needs Enrolled in Regular Classes*. NSW Department of Education and Training, Sydney.

Parmenter, T. R. (1980) *The Granville Work Preparation Centre Research and Development Project*. Author, Granville, NSW.

Parmenter, T. R. (1990) The Transition of Young People with Disabilities from School to Work and Adult Living. *Australian Journal of Special Education*, 14 (1), 20-31.

Parmenter, T. R. and Riches, V. C. (1991) Transition Education: A Pilot Program for Students with Disabilities in Transition in the NSW Department of School Education. *Australian Disability Review*, 91 (1), 1-9.

Parmenter, T. R. and Riches, V. C. (1991) *Establishing Individual Transition Planning for Students with Disabilities within the N.S.W. Department of School Education*. Unit for Rehabilitation Studies, School of Education, Macquarie University, North Ryde, NSW.

Parmenter, T.R., Riches, V., Watters, M. and Mattock, D. (1992) *Work Experience Programs for Students with Disabilities in the1990s: Recommendations. Macguarie* University, Sydney.

Pricewaterhouse Coopers (2011) *Disability Expectations: Investing in a better life, a stronger Australia*. Author, Canberra.

Repetto, J. B. and Correa, V. (1996) Expanding Views on Transition. *Exceptional Children*, 62 (6), 551-563.

Riches, V. C. and Parmenter, T. R. (1991) *Community Transition Teams: A Research and Development Report*. Unit for Rehabilitation Studies, School of Education, Macquarie University, North Ryde, NSW.

Riches, V. and Parmenter, T. R. (1993) *NSW TAFE Transition Course for Students with Disabilities: A Research and Development Report funded by the Department of School Education, Special Education Directorate.* Unit for Community Integration Studies, School of Education, Macquarie University, North Ryde, NSW.

Riches, V. C., Parmenter, T. R. and Robertson, G. (1996) *Youth with Disabilities in Transition from School to Community: Report of a follow-along of Students with Disabilities involved in the New South Wales Transition Initiative 1989-1994 Prepared for the Special Education Directorate NSW Department of School Education.* The Unit for Community Integration Studies, School of Education, Macquarie University, North Ryde, NSW.

Rose, A. (1998) Australian Law Reform Commission Review of the Disability Services Act 1986 (Cth). In M. Hauritz, C. Sampford and S. Blencowe (Eds.), *Justice for People with Disabilities*. the Federation Press, Annandale, NSW, 85-108.

Rusch, F. R. and Phelps, A. L. (1987) Secondary Special Education and Transition from School to Work: A National Priority. *Exceptional Children*, 53 (6), 487-492.

Stanwick, J. (2003) *Skills for Life: Lifelong Learning Systems in Australia.* IIEP/KRIVET/NCVER/NIER collaborative project paper (unpublished).

Stodden, R. A. and Boone, R. (1987) Assessing Transition Services for Handicapped Youth: A Cooperative Interagency Approach. *Exceptional Children*, 53 (6), 537-545.

Szymanski, E. M. (1994) Transition: Life-Span and Life-Space Considerations for Empowerment. *Exceptional Children*, 60 (5), 402-410.

The Granville Work Preparation Centre (1979) *The Granville Work Preparation Research and Development Project*, Macquarie University, Sydney.

The Inter-Agency Commission (UNDO, UNESCO, UNICEF, WORLD BANK) for the World Conference on Education for All (1990) *Meeting Basic Leaning Needs: A Vision for the 1990s Background Document.* UNICEF House, New York.

Thomson, S., Bortoli, L. D., Nicholas, M., Hillman, K. and Buckley, S. (2011) *Challenges for Australian Education: Results from PISA 2009.* Australian Council for Educational Research, Camberwell, VIC.

Tuckerman, P. (1993) *Jobsupport*. Australian Government Publishing Service, Canberra.

UNESCO (1994) *The Salamanca Statement and Framework for Action on Special Needs Education: World Conference on Special Needs Education: Access and Quality.* Author, Paris.

UNESCO (2003) *Overcoming Exclusion through Inclusive Approaches in Education: a Challenge & a Vision.* Author, Paris.

Wehman, P., Kregel, J. and Bargus, M. J. (1985) From School to Work: A Vocational Tran-

sition Model for Handicapped Students. *Exceptional Children,* 52（1）, 25-37.
Welch, A.（1996）*Australian Education: Reform or Crisis?*. Allen & Unwin, Crows Nest, NSW.
Wilson, B., Wyn, J., Reeders, E. and Woock, R.（1987）*Education, Work and Youth Policy: PEP Discussion Paper No.1 prepared for the Commonwealth Schools Commission.* Commonwealth Schools Commission, Canberra.
Working Party on a Plan for Special Education in NSW（1982）*Strategies and Initiatives for Special Education in NSW: a report of the Working Party on a Plan for Special Education in NSW.* Author, Sydney.

**ウェブサイト**（すべて2014年5月17日アクセス確認）
外務省「経済的，社会的及び文化的権利に関する国際規約（A 規約）」
　http://www.mofa.go.jp/mofaj/gaiko/kiyaku/2b_004.html
国連「機会均等化基準規則」
　http://www.un.org/esa/socdev/enable/dissre01.htm
国連「機会均等化基準規則」教育
　http://www.un.org/esa/socdev/enable/dissre04.htm
NSW 学習局による「産業カリキュラム枠組み」
　http://www.boardofstudies.nsw.edu.au/voc_ed/industry-curriculum-frameworks.html
連邦家族・住居・地域サービス・先住民問題省による「国家障害協約」についての概要
　http://www.fahcsia.gov.au/our-responsibilities/disability-and-carers/program-services/government-international/national-disability-agreement
連邦ヒューマンサービス省による障害者就労支援についての概要
　http://www.humanservices.gov.au/customer/subjects/disabled-ill-or-injured-and-looking-for-work
教育・乳幼児の発達・若者問題に関する行政審議会による MCEECDYA についての概要
　http://www.mceecdya.edu.au/mceecdya/about_mceecdya,11318.html
MCEECDYA による「ホバート宣言」
　http://www.mceecdya.edu.au/mceecdya/hobart_declaration,11577.html
MCEECDYA による「アデレード宣言」
　http://www.mceecdya.edu.au/mceecdya/adelaide_declaration_1999_text,28298.html
連邦教育，科学，訓練省による「就労に必要なスキル」についての概要
（Department of Education, Science and Training（2006）*Employability Skills: from framework to practice*）

http://www.nssc.natese.gov.au/__data/assets/pdf_file/0010/69454/Employability_Skills_From_Framework_to_Practices.pdf#search='Australia+Employability+Skills'

連邦教育省によるプログラム再編についての概要
http://smarterschools.gov.au

連邦教育省による「国家リテラシー・ニューメラシー診断ツールプロジェクト」についての概要
http://smarterschools.gov.au/national-literacy-and-numeracy-diagnostic-tools-project

連邦政府による「国家障害保険計画（NDIS）」についての概要
http://www.ndis.gov.au/people-disability

オーストラリア統計局による障害者雇用に関する統計
http://www.abs.gov.au/AUSSTATS/abs@.nsf/Lookup/4102.0Main+Features-40March+Quarter+2012

NSW反差別によるNSW反差別法の概要
http://www.antidiscrimination.lawlink.nsw.gov.au/adb/adb1_antidiscriminationlaw.html,c=y

NSW教育・地域省による「すべての子ども，すべての学校」の概要
http://www.dec.nsw.gov.au/about-us/how-we-operate/national-partnerships/every-student-every-school

NSW学習局による特別な教育的ニーズのある子どものカリキュラムに関する情報
http://syllabus.bos.nsw.edu.au/curriculum-requirements/

NSW学習局による障害のある児童生徒のカリキュラム策定プロセス
http://syllabus.bos.nsw.edu.au/collaborative-planning/

# 初出一覧

＊本書にかかわる初出論文は以下の通りです。

・山中冴子（2001）OECD の研究動向からみる障害児教育の展望．障害者問題研究，29（3），80-84.
・山中冴子（2002）障害生徒の「自立」に向けた移行保障―オーストラリア　ニューサウスウェールズ州における移行教育．国際教育，8，46-69.
・山中冴子（2005）トランジション概念の国際的到達点―日本における青年期教育論との接点．埼玉大学紀要教育学部（教育科学），54（1），167-179.
・山中冴子（2006）障害者権利条約における教育条項をめぐる議論―インクルーシブ教育を中心に．障害者問題研究，34（1），22-29.
・山中冴子（2007）日本におけるトランジション保障の課題と展望．荒川智・越野和之・全障研研究推進委員会編，障害者の人権と発達，全障研出版部，162-172.
・山中冴子（2007）オーストラリアの特別ニーズ教育の動向―障害者差別の禁止と教育機関の「合理的配慮」．日本特別ニーズ教育学会編，テキスト　特別ニーズ教育，ミネルヴァ書房，226-231.
・山中冴子（2007）オーストラリア　ニューサウスウェールズ州における障害者職業教育訓練の先駆性と課題―経済合理主義的教育改革からの検討．特殊教育学研究，44（4），219-227.
・山中冴子（2008）障害者権利条約における教育条項―インクルーシブ教育について考える．音声言語医学，49（2），126-131.
・山中冴子（2008）オーストラリア連邦政府における障害児教育施策の登場―ウィットラム労働党政権（1972-1975年）の教育行政に着目して．埼玉大学教育学部紀要（教育科学），57（1），125-134.
・山中冴子（2009）特別支援学校学習指導要領をめぐる論点．教育，59（7），83-91.
・山中冴子（2009）第4部第2章オーストラリア　2　障害者に対する差別禁止に係る法制度に基づくガイドライン等について．内閣府，障害者の社会参加推進に関する国際比較調査研究　調査報告書，345-356.
・山中冴子（2009）第4部第2章　オーストラリア　3　障害を理由とする差別に対する保護・救済・推進のための組織．内閣府，同上，345-456.
・山中冴子（2009）第4部第2章　オーストラリア　4　障害を理由とする差別に対する保護・救済の仕組み．内閣府，同上，356-365.
・山中冴子（2010）オーストラリア障害児教育施策におけるインテグレーション・

インクルーシブ教育―教育結果の追究と障害者差別禁止枠組みの設定．発達障害研究，32（2），128-134．
・山中冴子（2011）トランジション支援の学校役割をめぐる論点―特別支援教育施策と関連研究の動向から．埼玉大学教育学部紀要（教育科学），60（1），47-52．
・山中冴子（2011）オーストラリアにおける障害者雇用と学校教育の連関に関する一考察―連邦政府レベルの施策動向から．総合社会福祉研究，39，85-93．


＊本書は，以下の研究支援における成果も反映しています．
・平成18-19年度科学研究費補助金「オーストラリアにおけるインクルーシブ教育の研究」若手研究（B）（研究代表者）
・平成20-21年度科学研究費補助金「オーストラリアのトランジションにおける学校教育機能：福祉，雇用との連関」若手研究（B）（研究代表者）
・平成21-23年度科学研究費補助金「欧米8カ国のインクルーシブ教育における合理的配慮のあり方に関する研究」基盤研究（B）（研究分担者）

＊本書の刊行にあたっては，科学研究費助成事業研究成果公開促進費（学術図書）の助成を受けています．

## 索　引

ATLAS　　143, 144, 167
BOS　　127, 135, 137
COAG　　78, 80
CRS　　97-98, 101
DDA　　83, 84, 105-106, 109, 164
DSA　　104, 105, 109, 164
ITP　　132, 135, 137, 143, 148
NAPLAN　　79, 88, 128, 163, 166
NDIS　　113, 147, 167
NEATプログラム　　100, 101
NSW2021　　147, 148, 166, 167
OECD　　71, 74, 79, 110
OECD/CERI　　3, 16-18, 21-24, 29, 30, 43-44, 63, 64, 66, 89, 130, 160, 162
OSERS　　35, 36
PEPプログラム　　58-61, 64, 66
PISA　　79, 88, 163, 169
PSOプログラム　　142-144, 167
QOL　　4, 40
Stronger Together　　146, 147, 166, 167
TAFE　　55, 56, 58-60, 63, 76, 85, 101, 128, 134, 136, 141
VET　　136, 137, 149, 163, 168

---

### あ行
アデレード宣言　　76-78, 82, 88
アト・リスク　　42, 56
一般教育　　57, 62, 66, 72, 162
一般雇用　　5, 99, 103-105, 115, 142, 146, 164
インクルーシブ学校　　31, 32, 123
インクルーシブ教育　　15, 19, 32-34, 83, 169
インクルージョン　　12, 14, 30, 32, 123, 148, 167, 170
インテグレーション　　14-15, 53, 54, 61, 66, 83, 103, 121-123, 126, 148, 161, 167
ウィリアムズ報告　　54, 57, 61, 101, 162
援助付き雇用　　38, 104, 105, 115, 142, 146, 164
エンパワメント　　40, 50, 160

### か行
カーメル報告　　49-51, 121
学習支援チーム　　124, 126, 166
学習支援プログラム　　125, 128, 166
学校から仕事へプログラム　　76, 77
活動療法センター　　98, 104, 105
過度な負担　　106-108
機会均等化基準規則　　16, 31
キー・コンピテンシー　　75, 77
キーティング政権　　73
キャリア教育　　2, 9-12, 35, 44, 53, 71
キャリア発達　　4, 9, 10, 12, 39, 41, 42, 44, 160
教育における障害基準　　83, 84, 107, 108, 164
ギラード労働党政権　　79
キー・ラーニング・エリア　　73, 75, 77, 80-82, 84, 123, 124, 127, 128, 132
経済合理主義　　14, 54, 70, 74, 81, 84, 88, 89, 102, 162, 164
後期中等教育　　3, 12, 13, 16, 40, 41, 85-86, 135, 168
公正　　77-78, 81, 83-85, 163
合理的調整　　83, 106, 108, 130, 137, 164

合理的配慮　　33
国家障害戦略　　112, 113, 115, 165, 167
国家リテラシー・ニューメラシー計画
　　77, 79
個別移行支援計画　　4, 6
個別の教育支援計画　　1, 2, 4, 9
個別の指導計画　　1, 2, 9
コンピテンシー（能力）　　14, 74, 89, 162, 168, 169

さ行
サラマンカ声明　　16, 31, 32, 34
社会的公正　　15, 169
就労移行プログラム　　145-147, 167
就労に必要なスキル　　77, 137, 149, 163
就労（に求められる）スキル　　89, 114, 115
生涯学習　　34, 75
障害者権利条約　　14-16, 33, 88, 165
障害者支援法　　53, 61, 97, 104
職業教育　　1, 2, 9, 10, 12, 13, 38, 72
職業教育訓練　　6, 12, 18, 29, 35, 39, 57, 59, 60, 66, 73, 75-77, 84, 86, 88, 110, 135, 136, 141, 165
職業訓練　　34, 56, 58, 62, 70, 133
職業準備　　23
職業準備センター　　61, 98, 99, 101, 163
職業体験　　34, 39, 53, 59, 62, 66, 74, 101, 133
職業リハビリテーション　　7-8, 96, 98, 99, 101, 110
自立生活　　24, 100, 114
自立生活運動　　27, 102, 164
進路指導　　7-9, 12
スキル　　89, 162, 168, 169
すべての子ども，すべての学校　　128, 147, 148, 166
成人　　22-29, 38, 43
成人期　　22, 23, 26, 61-62

成人生活　　32, 33, 39, 43
成人への権利　　4, 24, 26, 28, 43, 44, 160, 162, 169
青年期　　8, 9, 11-13, 25
青年期教育　　11-13
全障害児教育法　　35, 38, 121
ソーシャル・インクルージョン　　19, 111, 112, 114, 115, 165, 169

た行
地域参加プログラム　　145-147, 167
ドーキンス, J.　　71, 72
特別支援学校学習指導要領　　1, 5, 10
　　高等部学習指導要領　　2
特別支援教育　　1, 4, 5, 8, 9, 11, 13
トランジション　　3-7, 9, 11-19, 21-23, 25-30, 32, 34, 36, 38-44, 48, 53-55, 57, 62, 64-66, 75, 86, 96, 103, 109, 112, 126, 133, 141, 148, 159, 160, 161, 163, 164, 168, 170
トランジションモデル　　5, 18, 36-38, 41, 44, 64, 66, 131, 132, 148

な行
ナショナル・カリキュラム　　79, 84, 88, 114, 127, 129, 135, 149, 163, 169
ニューメラシー　　72
ノーマライゼーション　　12, 17, 19, 25, 27, 30, 31, 54, 99, 102, 115, 160, 162, 164, 165, 169

は行
パーキンス報告　　125
パイロットプログラム　　16, 64, 122, 130-132, 134, 135, 141, 166
発達障害　　7-9
ハワード保守連立政権　　75, 109
ファンクショナル・カリキュラム　　39, 43

ファンクショナル／キャリア発達カリキュラム　41, 160, 169
フィンレビュー　74, 85, 88
福祉から雇用へ　110, 111, 115, 165
フレーザー政権　51, 54, 66
ホイットラム政権　49, 51, 54, 66, 97, 161
ホーク政権　58, 70, 73
保護雇用　97, 99, 103, 105, 115, 164
ホバート宣言　71, 73, 74, 76, 81, 85, 88

ま行
マクレー報告　123
メイヤー報告　74, 77
メルボルン宣言　78, 83, 86

や行
ユネスコ　16, 18, 30, 31, 43

ら行
ライフ・スキルコース　128, 129, 135
ラッド政権　78
リテラシー　72
リテラシー・ニューメラシー　18, 55, 61, 71, 75-77, 79-84, 88, 89, 110, 125, 128-130, 140, 141, 148, 162, 163, 165, 166, 168-170
連邦学校審議会　17, 49, 56, 62, 64, 72, 73, 121, 161, 162

**著者紹介**

山中　冴子（やまなか　さえこ）

1976年生まれ
青山学院大学文学部教育学科卒業，一橋大学大学院社会学研究科修士課程修了，一橋大学大学院社会学研究科博士課程単位取得退学　博士（社会学）
現在　埼玉大学教育学部特別支援教育講座准教授
専門領域　特別支援教育，オーストラリア教育
【主な著書】
日本特別ニーズ教育学会編（編集代表：荒川智・高橋智）『テキスト　特別ニーズ教育』（「オーストラリアの特別ニーズ教育の動向－障害者差別の禁止と教育機関の『合理的配慮』」分担執筆，ミネルヴァ書房，2007年），荒川智・越野和之・全障研研究推進委員会編『障害者の人権と発達』（「日本におけるトランジション保障の課題と展望」分担執筆，2007年，全障研出版部），清水由紀編著『学校と子ども理解の心理学』（「特別支援教育の動向と教員の専門性」分担執筆，2010年，金子書房）など

---

## オーストラリアにおける障害のある生徒のトランジション支援

2014年10月30日　第1版第1刷発行

著　者　山中　冴子

| | |
|---|---|
| 発行者　田中　千津子 | 〒153-0064　東京都目黒区下目黒3-6-1<br>電話　03（3715）1501（代） |
| 発行所　株式会社　学文社 | FAX　03（3715）2012<br>http://www.gakubunsha.com |

©Saeko YAMANAKA 2014　Printed in Japan　　印刷　新灯印刷
乱丁・落丁の場合は本社でお取替えします。
定価は売上カード，カバーに表示。

ISBN 978-4-7620-2488-7